DA PRESSÃO AO PROPÓSITO

DA PRESSÃO AO PROPÓSITO

T.D. JAKES

Vida

Editora Vida
Rua Conde de Sarzedas, 246 – Liberdade
CEP 01512-070 – São Paulo, SP
Tel.: 0 xx 11 2618 7000
atendimento@editoravida.com.br
www.editoravida.com.br

Editor responsável: Gisele Romão da Cruz
Editor-assistente: Amanda Santos
Tradução: Jurandy Bravo
Revisão de tradução: Andrea Filatro
Revisão de provas: Josemar de Souza Pinto
Diagramação: Claudia Fatel Lino
Capa: Arte Vida

© 2020, TDJ Enterprises, LLC. Originalmente publicado nos EUA com o título *Planted with a Purpose: God Turns Pressure into Power*
Copyright da edição brasileira © 2021, Editora Vida
Edição publicada com permissão contratual da Faith Words, uma divisão da Hachette Book Group, Inc (New York, NY, EUA)

∎

Todos os direitos desta obra são reservados por Editora Vida.

Proibida a reprodução por quaisquer meios, salvo em breves citações, com indicação da fonte.

Todos os grifos são do autor.

∎

Scripture quotations taken from Bíblia Sagrada, Nova Versão Internacional, NVI®.
Copyright © 1993, 2000, 2011 Biblica Inc.
Used by permission.
All rights reserved worldwide.
Edição publicada por Editora Vida, salvo indicação em contrário.

Todas as citações bíblicas e de terceiros foram adaptadas segundo o Acordo Ortográfico da Língua Portuguesa, assinado em 1990, em vigor desde janeiro de 2009.

1. edição: ago. 2021
1ª reimp.: nov. 2021
2ª reimp.: maio 2022
3ª reimp.: set. 2023
4ª reimp.: out. 2024

Dados Internacionais de Catalogação na Publicação (CIP)
(Câmara Brasileira do Livro, SP, Brasil)

Jakes, T.D.

    Da pressão ao propósito / T.D Jakes ; [tradução Jurandy Bravo]. -- São Paulo : Editora Vida, 2021.

    Título original: *Planted with a Purpose: God Turns Pressure into Power*
    ISBN: 978-65-5584-215-9
    e-ISBN: 978-65-5584-227-2

    1. Deus (Cristianismo) 2. Injustiça 3. Sofrimento - Aspecto religioso 4. Teologia 5. Vida cristã I. Título.

21-63931   CDD-248.4

Índices para catálogo sistemático:
1. Propósito da vida : Cristianismo 248.4
Maria Alice Ferreira - Bibliotecária - CRB-8/7964

SUMÁRIO

Capítulo 1 Quando se é esmagado 7

Capítulo 2 A espera 17

Capítulo 3 O enterro 29

Capítulo 4 Quando os problemas chegam 39

Capítulo 5 Ser esmagado não é o fim 49

Capítulo 6 Prepare um pouco de vinho 61

Capítulo 7 Conversão 75

Capítulo 8 Deus está com você 85

Capítulo 9 A harmonização 97

Capítulo 10 Avante 107

CAPÍTULO 1

Quando se é esmagado

Esmagado. Destruído. Perdido. Desesperado.

Quando o chão se abre debaixo dos seus pés e o engole em uma queda livre, de repente você se descobre imerso em uma torrente de emoções, pensamentos e dúvidas. Em meio à dor inesperada, ou à perda inevitável, ideias deploráveis o assaltam enquanto você afunda na areia movediça do caos da vida, nos poços barrentos em que tudo pelo que você tinha afeto e considerava verdadeiro é questionado, dissecado e virado de ponta-cabeça.

Nesse ponto, sua zona de segurança e todas as constantes presumidas se revelam bem mais frágeis do que você tinha percebido. Você se pergunta então se algum dia se erguerá outra vez, e, se a resposta for sim, como reunirá forças para seguir em frente. Esse é o lugar em que a sua fé é testada, refinada e purificada. Todavia, esse conhecimento pouco serve para consolar no meio do incêndio abrasador da vida a tragar tudo o que você acreditava saber e a reduzir a cinzas as suas expectativas. Como a corça tentando encontrar uma trilha com a qual esteja familiarizada entre as chamas que queimam a floresta, você começa a correr em círculos, deparando com becos sem saída e desvios incertos, sem saber muito bem que caminho tomar. Sufocado pela fumaça levantada pelo fogo, você se vê esgotado e enfraquecido, calejado e confuso, exaurido e desanimado, assustado e sem ação.

Parte dessa confusão resulta do fato de que, na vida, os maiores sucessos costumam sofrer os piores golpes em nossos momentos mais dolorosos, tanto que a vista chega a nos parecer enevoada. Porque até nas situações de maior angústia encontramos bênçãos inesperadas ao longo do caminho, misturadas aos nossos danos.

Uma das maiores perdas que já sofri foi a morte da minha mãe. Quando ainda observava a minha querida mãe definhar — uma parte do meu esmagamento —, maravilhei-me com a maneira pela qual Deus continuou abençoando o meu ministério, os meus negócios e a minha rede de influências. Líderes do mundo inteiro começaram a me convidar para visitá-los a fim de falar e pregar em eventos que um dia eu sonhara conhecer. Os meus livros se transformaram em *best-sellers,* e produtores cinematográficos demonstraram interesse em levar *Woman, Thou Art Loosed!* [Mulher, tu estás livre!] para a telona. Pois eu daria tudo isso em troca da restauração da mente, do corpo e do espírito da minha mãe. Acontece que Deus tinha um propósito.

Quando a minha filha engravidou aos 13 anos de idade, de novo o que me passou pela cabeça fazia parte de um período esmagador. Críticos e inimigos meus e do meu ministério se atiraram para cima dessas notícias feito piranhas. Mesmo que considerasse a saúde e o bem-estar de Sarah e a vida do meu neto prioritários, eu sabia que seria tolice da minha parte ignorar a reação flagrante das pessoas a uma situação particular da nossa família. A ironia disso tudo, claro, era que a pessoa a quem eu sempre recorria em busca de conforto e palavras de sabedoria e incentivo não estava mais comigo. Eu nunca mais teria minha mãe de volta.

Não sei precisar o número de noites que chorei em silêncio, contemplando a escuridão pelas janelas de casa. Jamais imaginei que olhar pelas vidraças acabaria se tornando o meu *hobby* principal depois da morte da minha mãe. Noite após noite, lá estava eu, o olhar fixo na noite escura que me espelhava a alma.

Não sou do tipo que gosta de chafurdar em autocomiseração, mas, quando experimentei aquele golpe duplo na alma, só me restou mergulhar na areia movediça da tristeza. Noites seguidas permaneci olhando pelas janelas de casa, sem ver nada na escuridão, a não ser o reflexo luzidio das lágrimas descendo-me pelo rosto. Em geral, prefiro uma ação construtiva em meio a qualquer erro, percalço ou infortúnio, mas a minha nova realidade me deixara esgotado, sem um pingo de determinação.

O período noturno reserva um lugar especial para as nossas lágrimas mais desesperadas. Lutamos tentando encontrar o sono, mas nos mantemos despertos por causa dos problemas, remoendo as circunstâncias. O silêncio que nos rodeia de certa forma faz soar mais altos os nossos pensamentos e torna mais calamitosa a nossa situação.

Tal era a temporada que eu vinha atravessando na época. Eu me sentia enredado pela dor. Destruído por circunstâncias que fugiam ao meu controle. Impotente para proteger quem mais amava. Incapaz de desfrutar das muitas bênçãos na minha vida.

Esmagado.

Acredito que em momentos assim difíceis — esmagadores — é ainda mais crucial começarmos a enxergar que os planos imaginados por nós para a nossa vida não se comparam com a estratégia traçada por Deus para satisfazer o propósito divino para nós. Uma vez aceita e adotada como base para a ação, essa linha de pensamento provoca enorme mudança nas nossas percepções, decisões e no nosso comportamento. Constatamos enfim que até então mantínhamos o pensamento restrito a um nível acanhado demais, se comparado com um Deus que estabelece o foco do nosso destino na eternidade, não em algo temporário. Disparamos à máxima velocidade para ganharmos a corrida da qual participamos, enquanto Deus, por sua vez, quer nos treinar para a maior maratona do mundo!

Os desvios da vida

Muitas e muitas vezes tenho observado que o caminho para o progresso e o sucesso costuma incluir desvios. Ele nunca segue reto em direção a nenhum deles. É inevitável que o nosso progresso inclua acidentes que nos tirem da pista, bem como paradas estratégicas imprevistas, que parecem nada ter a ver com os nossos planos e propósitos. Avançamos firmes pela estrada da vida rumo ao nosso futuro até nos descobrirmos enveredando por uma saída em direção a algum lugar que nem figurava em nosso mapa. Trata-se de uma parada inesperada, uma pausa detectada na nossa jornada que ameaça destruir tudo que conquistamos até agora.

Paralisados e impedidos de agir, começamos a nos sentir ansiosos, temerosos e inseguros. Como se fracassar enveredando por algo novo não fosse irritante o suficiente, ficamos ansiosos porque não planejamos nenhuma parada, muito menos em lugares desertos. Mas então descobrimos nesse lugar algo que nos instiga, inspira e motiva a seguir em nova direção. De repente começamos a abrir um caminho novo que nos leva a uma satisfação, a uma realização que excede tudo o que poderíamos encontrar no itinerário original.

Isso porque nos perdemos no trajeto para o local que pensávamos estar alcançando. Só Deus sabe que não nos perdemos mais que o povo de Israel vagando pelo deserto durante quarenta anos, antes de entrar na terra prometida. Sabe, estou convicto de que os desvios devastadores da vida costumam se converter em marcos milagrosos a mapearem um novo percurso rumo ao futuro que Deus tem para nós. As tentativas, provações e devastações tumultuadas que experimentamos nesses lugares são necessárias para o nosso avanço. Mais importante ainda, é imperativo que os desvios dolorosos da vida estejam ocultos para nós antes que ocorram, a fim de não abdicarmos da viagem inteira em direção ao futuro por causa do incômodo de termos tomado um desvio. No momento em que acontecem, esses lugares opressivos dão a impressão

DA PRESSÃO AO PROPÓSITO

de que nos destruirão e impedirão a jornada que tínhamos em mente ao definirmos o nosso destino. Questionamos se o sofrimento com que deparamos será o fim de tudo o que realizamos e perseguimos até aqui. Questionamos onde Deus está e por que ele deixa que padeçamos tanto assim.

Acontece que esses locais nos quais somos esmagados também revelam mais na nossa vida do que havíamos planejado. Eles nos forçam a reajustar a bússola tendo por base o nosso Criador. Ao buscarmos em Deus orientação e seguirmos sua direção, o esmagamento se converte na criação de algo novo.

Pense nas toneladas de rochas e solo que comprimem os depósitos de carbono a ponto de convertê-los em diamantes. Do ponto de vista do carbono, esse peso todo é de fato destruidor — mas também capaz de criar algo novo, raro e belo. Locais de esmagamento revelam que a nossa vida é mais complexa do que poderíamos imaginar. Os aspectos verdadeiramente inestimáveis, maravilhosos e eternos da nossa identidade e destino máximo nos são revelados ali.

Nas páginas a seguir, quero concentrar a nossa exploração sobretudo nas áreas de devastação pessoal. Não precisamos nos estender na sensação causada pelas ocasiões de esmagamento porque toda pessoa com um destino tem ou terá familiaridade com a dor. A questão que precisa ser respondida durante nosso esmagamento é se o sofrimento com que deparamos é o fim de tudo que já realizamos. Com sinceridade e veemência creio que a resposta seja um retumbante "Não!".

Talvez você se conforme com uma vida muito inferior à que Deus planejou, a melhor, por não se permitir imaginar que o melhor ainda está por vir. A sua tragédia pode ter acontecido há anos ou décadas, mas o trauma que ela causou talvez continue a aprisioná-lo ao passado, fazendo você se concentrar nos ramos quebrados e no fruto esmagado das suas antigas realizações em detrimento da possibilidade de maximizar o seu potencial ao longo processo do nosso divino Pai. Esteja onde você estiver, todos lutamos com o impacto inesperado que o esmagamento deixa na nossa alma.

É provável que você já tenha feito algumas dessas perguntas, mas quero incentivá-lo a cavar mais fundo e refletir nelas agora, enquanto seguimos analisando de que maneira este período pode indicar o seu propósito, aquele para o qual você está sendo cultivado, podado e nutrido neste exato momento. À medida que avançar neste livro, indague-se:

Pode haver santidade em meu sofrimento?

Será que os meus piores momentos podem de fato se converter em mais que segredos vergonhosos dos meus erros passados?

E se eu conseguisse a enxergar minha vida como Deus a vê?

E se os meus melhores momentos aguardarem por mim mais à frente?

Meu amigo, estou convencido de que Deus pode usar o peso que lhe esmaga a alma agora mesmo para criar o produto mais seleto que ele tem para oferecer — se você assim o permitir.

DA PRESSÃO AO PROPÓSITO

O esmagamento não é o fim!

> Reflita sobre como você se sentiu em um período de esmagamento. Que perguntas fez a você mesmo? Que emoções experimentou?

CAPÍTULO 2

A espera

Quem me conhece sabe que adoro cozinhar. Nas horas vagas, sempre vou para a cozinha, onde imponho algumas regras. Uma delas é que não gosto de seguir receitas; prefiro saborear a criatividade culinária que deve motivar todo *chef.* Outro requisito: um grupo composto por familiares e amigos que se rendam aos meus esforços — e que estejam famintos! Uma ou outra mordidinha somente por educação eu considero um insulto. Gosto de cozinhar para gente que afrouxa o cinto quando come; seus gemidos de prazer e sua falta de modos são para mim o maior dos elogios — sem falar nos pedidos para repetir mais uma ou duas vezes, lógico.

A paixão que tenho por cozinhar para os meus entes queridos surgiu na adolescência. Como a nossa família não tinha muitos bens materiais, os meus irmãos e eu não nos entusiasmávamos muito com a expectativa de ganhar presentes no Natal e nos aniversários, mas exultávamos só de pensar na comida que seria servida nessas ocasiões! Lembro-me da minha mãe preparando tudo e cozinhando dias antes do Natal. Diversos aromas pairavam pela casa. Se você tivesse sorte, a minha mãe lhe daria permissão para lamber alguma colher e provar um pouquinho de algum prato com antecedência.

DA PRESSÃO AO PROPÓSITO

Por causa disso, hoje minha esposa e eu nos deliciamos demonstrando o mesmo amor que a minha mãe depositava no preparo de refeições especiais para as celebrações que tanto apreciávamos.

Em todos esses anos vendo a minha mãe cozinhar para a família, e também graças à minha limitada experiência culinária, aprendi uma lição importante: *qualidade requer tempo*.

A maioria das pessoas tende a concordar comigo, mas ninguém gosta muito de esperar com paciência o peru sair do forno, ou a crosta da torta se formar. Desejamos qualidade, mas não queremos esperar por ela.

A quantidade de trabalho exigida na produção de um belo repasto me faz lembrar de como descobrimos e utilizamos o que Deus colocou no nosso interior: dons, talentos, habilidades e preferências únicos do projeto do nosso Criador. Ao longo da vida e em meio às diversas variáveis do nosso ambiente particular, o mesmo Deus que depositou sementes e dons dentro de nós procura cultivá-las e colher seu investimento inicial a fim de multiplicá-lo ainda mais. Aquele que nos criou deseja ver essas sementes internas e esses talentos latentes crescerem, amadurecerem e gerarem frutos abundantes para ser usados em alguma outra ocasião.

Pelo fato de Deus ser a origem de tudo em nós, e por sermos criados à sua imagem, faz sentido o desejo dele de ver a própria criatividade exercitada em suas criações. Se o ciclo da natureza nos conclama à reprodução segundo a nossa espécie, a lógica nos leva a enxergar a mesma propensão no Criador que pôs esse ciclo em movimento. A intenção dele é que as sementes plantadas no nosso interior brotem, se desenvolvam, amadureçam e maximizem o nosso crescimento. O mundo atual em que vivemos, no entanto, exige resultados produzidos às pressas, e muitos de nós têm menosprezado os dias iniciais de lento desenvolvimento das sementes. É fato que elas requerem tempo para brotar. Não se planta uma semente hoje esperando colher amanhã. Não costumamos exercitar a paciência de esperar e observar e esperar mais um pouco. Todavia, a paciência pode ser a fonte suprema de controle de qualidade para o que Deus vem cozinhando em fogo brando na sua alma e preparando para a sua vida. O verdadeiro mistério de Deus está oculto na beleza da semente e se revela no uso maravilhoso que ele faz do processo de crescimento.

Assim, se abortarmos o processo de crescimento, comprometeremos o poder da promessa que Deus semeou em nós. Afinal, o processo de uma semente se converter no que está prometido é a concretização essencial do nosso destino.

Sinais biológicos

Deus é tão bom que envia sinais para nos lembrar desse exato processo à medida que lutamos para crescer e cumprir o nosso propósito.

Reflita um instante no crescimento biológico de um ser humano, da concepção à maturidade plena. O esperma, ou semente, do homem adulto fertiliza o óvulo, ou ovo, da fêmea adulta e a ele se funde. Esse ovo fertilizado se desenvolve em um embrião e depois em um feto no período de nove meses. Ao fim do estágio fetal, um bebê vem ao mundo. No decorrer de anos, o bebê cresce, começa a andar e prossegue infância e adolescência afora, até atingir a maturidade. Não obstante as enfermidades ou outros problemas, não há uma só criança que, tendo sido trazida a este mundo, permaneça na forma de semente. Nenhum de nós é um grande óvulo fertilizado perambulando pela vizinhança. Todos nós nos tornamos algo maior. Crescemos até atingir a completa maturidade do nosso potencial.

Da mesma forma que fez com relação a Cristo, em momento algum Deus nos destinou para que nos conservássemos na forma de semente. Ele não nos projetou assim porque nada eterno pode existir em caráter temporário. O desejo de Deus sempre foi o de nos reconectar com ele e de nos transportar do finito para o infinito. Uma das coisas que mais amo na Palavra de Deus é ver o tratamento que Deus dá a cada etapa da vida: começo, meio e fim.

Se Jesus é o Filho unigênito de Deus, poderíamos não lhe atribuir a mesma natureza atemporal e eterna que observamos no Pai? Na verdade, essa verdade constitui o fundamento sobre o qual João inicia o relato em seu evangelho:

> No princípio era aquele que é a Palavra. Ele estava com Deus e era Deus. Ele estava com Deus no princípio. Todas as coisas foram feitas por intermédio dele; sem ele, nada do que existe teria sido feito. Nele estava a vida, e esta era a luz dos homens. A luz brilha nas trevas, e as trevas não

A ESPERA

> a derrotaram. [...] Aquele que é a Palavra tornou-se carne e viveu entre nós. Vimos a sua glória, glória como do Unigênito vindo do Pai, cheio de graça e de verdade (João 1.1-5,14).

Como Jesus é a verdadeira concretização da Palavra de Deus, ele deve ser o início, ou a semente, da nossa vida também. Nesse caso, a semente já estava presente porque Jesus é ao mesmo tempo videira e semente. Portanto, semente e videira são uma coisa só.

Confuso? Sei que é bem complexo e exige certa reflexão. Talvez o apóstolo Paulo explique melhor em sua carta aos Gálatas: "Ora, a Abraão foram feitas as promessas e à sua semente. Não diz: 'E às sementes', como falando de muitos; mas como de um: e à tua semente, a qual é Cristo" (Gálatas 3.16, *TB*).

Uma vez que Jesus é a semente prometida a Abraão por herança, temos de nos perguntar qual é a promessa contida nele a ser cumprida. A promessa encerrada em Cristo é uma colheita abundante de frutos. Como Jesus é tanto semente quanto videira, somos os ramos prometidos, carregados de frutos, a brotar dele. Durante a última ceia, vemos a semente de Abraão falando à sua descendência espiritual que em breve assumiria a tarefa não só de dar fruto, como também de apontar outras sementes da promessa, adormecidas, para o Salvador, Jesus Cristo, aquele que vivifica. Se Jesus é a semente que cresceu até se transformar em videira a ponto de nos gerar como ramos carregados de frutos, os frutos que damos

O processo de fabricação de vinho

Pense no processo de fabricação de vinho. Essa analogia permeia a Bíblia inteira, tanto no Antigo quanto no Novo Testamentos. Falando a uma cultura agrária, muitas imagens, metáforas e parábolas das Escrituras se voltam para o plantio, o cuidado, o cultivo e a colheita. A passagem de semente a broto, e do broto à uva madura, lembra-nos o tempo todo desse processo. Tais símbolos se prestam ao nosso crescimento e desenvolvimento espiritual.

A ocasião em que pisamos pela primeira vez em uma área na qual podemos crescer não se compara a sermos plantados? Mais adiante, quando encontramos uma bênção na nossa vida, não podemos vê-la como um fruto a ser apreciado? A ocasião em que a família e os amigos se deleitam com o nosso sucesso não se assemelha aos antigos lavradores tendo prazer em sua colheita? Mas a colheita que não rende como planejado, arrancando o fruto e pisoteando a bênção fecunda, não se parece muito com a prensa de vinho, o dispositivo utilizado para esmagar as uvas e drenar-lhes o sumo para a fabricação do vinho?

Claro, tudo isso depende do seu ponto de vista. Se você fosse um fabricante de vinhos – um vinicultor –, estaria mais que familiarizado com cada passo do processo. Por outro lado, se você fosse a videira, a remoção dos seus frutos para serem então destruídos sob os pés de quem quer que seja lhe daria uma perspectiva completamente diferente.

No meio do nosso penoso esmagamento, entendemos que a bênção da produção de frutos na nossa vida nunca foi o objetivo final de Deus. A nossa última safra foi apenas parte de um processo constante, mais abrangente. O Mestre vinicultor sabe que há algo mais precioso além da produção de frutos — a potência do suco fermentado originando o vinho. Para a videira, contudo, parece que seus frutos são tudo o que há, estação após estação, tempestade após tempestade, faça sol ou faça chuva, na primavera e no outono. Mas e se você alterar o seu paradigma para a produção do vinho em vez de usar como base o cultivo dos frutos? Nesse caso, os seus apuros atuais poderiam desempenhar o papel da prensa que Deus utiliza para transformar suas uvas no vinho que ele quer fabricar? Ser esmagado seria então uma parte necessária do processo que visa cumprir o plano de Deus para a sua vida? Você estaria muito próximo da vitória, a despeito de andar pelo vale das vinhas cortadas?

Fomos criados para ser mais que frutos temporários — *somos o vinho eterno do Senhor em produção!*

Contudo, como você bem sabe, esse maravilhoso processo de fabricação de vinho não é fácil nem isento de muito trabalho. Na verdade, acredito que o processo de fermentação que gera o vinho eterno aconteça ao longo do tempo e nos locais mais escuros.

O que vemos na natureza é um reflexo do que encontramos no reino espiritual, porque ambos estão interligados.

DA PRESSÃO AO PROPÓSITO

Em consequência, descobrimos outra versão do desenvolvimento natural da "criança em adulto" na nossa natureza espiritual. No reino do espírito, passamos por um processo em que Deus nos cultiva e nos faz crescer até que nos tornemos uma videira saudável de seu vinhedo. Ele tomou Jesus como o tipo de videira que deve servir de referência para nós a cada estágio da vida. Jesus é o nosso modelo perfeito, a representação do amadurecimento almejado.

Por exemplo, já sabemos que Cristo é a semente de Abraão. Ele veio semelhante a nós a fim de se familiarizar com cada uma das nossas aflições, dificuldades e tentações (v. Hebreus 4.15,16). Em essência, Jesus provou de todas as dores do desenvolvimento que nós também experimentaríamos. À medida que ele crescia em estatura, sabemos que Jesus cresceu também em favor diante de Deus e dos homens e começou a dar frutos (v. Lucas 2.52). Apesar de ser um adulto a produzir maravilhosa colheita nos três anos de seu ministério, Jesus não precisava operar um milagre atrás do outro. Sua vida terrena tinha como propósito passar de algo temporário para algo eterno.

Embora Cristo tenha se tornado adulto no sentido físico da palavra, carregava no espírito a promessa ainda mais excelente de uma colheita eterna — e composta não apenas por milagres a serem enaltecidos temporariamente. Para que essa promessa espiritual fosse gerada, a semente sobrenatural precisou passar por sua própria versão de desenvolvimento. Como na germinação de qualquer semente, teve de ser plantada. Em resumo, tudo o que a semente sabe sobre si mesma precisa terminar.

A ESPERA

Ela então precisa morrer como Cristo morreu para que pudesse nos gerar como filhos espirituais de Deus, como rebentos divinos.

Se somos chamados para ser como Cristo, para nos tornar como ele segundo o chamado divino que recebemos (v. 1Coríntios 11.1), devemos aceitar o fato de que experimentaremos um processo de crescimento semelhante. À medida que amadurecemos, compreendemos que o nosso fruto temporário nunca foi o objetivo de um Mestre eterno, mas constituiu apenas um passo no processo de fabricação de vinho eterno. Como resultado, o nosso desenvolvimento espiritual de sementes para galhos maduros carregados de frutos exige que enfrentemos uma etapa que muitos de nós têm dificuldade de compreender: o crescimento em locais escuros.

Quando tudo na vida desmorona, ficamos destroçados, mas não destruídos. A casca em que confiamos por tanto tempo começa a nos deixar na mão à medida que as águas da vida amolecem a nossa camada protetora. A nossa vida interior e a nossa delicada identidade ficam nuas e impotentes diante do que ameaça a única existência por nós conhecida. Quando expostos a circunstâncias perigosas, corremos a nos defender e a garantir que tudo permaneça no devido lugar. Estendemos raízes pelo solo abaixo de nós, na esperança de nos protegermos contra as tempestades da vida. Ansiamos por alguém ou algo que nos segure, levante e sustente, mas com demasiada frequência nos curvamos e murchamos sob os ventos do isolamento e da solidão.

Mas e se Deus estiver fazendo algo extraordinário em meio a esses lugares escuros? E se nos estiver sendo apresentada a oportunidade de crescermos, de nos tornarmos aquilo que é o nosso propósito e para o qual fomos projetados?

> Sabendo que o seu lugar escuro poderia ser exatamente aquele no qual você receberá o necessário para a sua próxima fase na vida, de que maneira diferente você pode reagir a ele a partir de agora?

CAPÍTULO 3

O enterro

Quando estamos enfrentando períodos esmagadores, nem sempre paramos para refletir sobre o processo. A maioria de nós só quer que eles acabem; desejamos encontrar a solução e seguir em frente. Gostamos de saber que temos talento e habilidade para fazer algo grandioso, mas não ostentamos um sorriso reluzente quando somos submetidos ao processo de refinamento. Todavia, eu desafio você — mesmo no auge do período em que você está sendo esmagado — a considerar na totalidade a semente e o processo utilizado para desenvolvê-la do pequenino grão de uma planta.

O que acontece à semente não cultivada? Jesus disse: "Digo verdadeiramente que, se o grão de trigo não cair na terra e não morrer, continuará ele só. Mas, se morrer, dará muito fruto" (João 12.24).

Não seria legítimo pedirmos ao Vinicultor que pule a parte do desenvolvimento da nossa vida pelo simples fato de nos incomodarmos com a ideia de ficarmos sós em lugares escuros. Impedir o plantio de uma semente é condená-la a jamais concretizar todo o seu potencial. Na realidade, sementes foram feitas para serem enterradas e morrerem.

DA PRESSÃO AO PROPÓSITO

Não importa quem somos, onde estamos na vida ou de onde viemos, precisamos começar a dar valor aos estágios difíceis da nossa concepção. Quando damos permissão ao Senhor para mudar a nossa mentalidade, começamos a enxergar que tudo o que nos aconteceu foi por uma razão específica. Olhando para trás, para o broto que forçou passagem pelo teto de terra sobre sua cabeça, descobrimos razões anteriormente invisíveis e naquele momento inimagináveis por trás da nossa adversidade. De repente elas agora estão visíveis e são miraculosas, ao atingirmos o estágio no qual frutificamos.

Olhando para diferentes períodos da minha vida no passado, sou capaz de recordar todo medo que sentia. Hoje, do alto de pouco mais de quarenta anos de ministério, contemplo esses momentos e percebo que são partes indissociáveis do lugar ao qual Deus tem me levado e continuará a me levar. Vejo que cada intervalo de crescimento da minha vida foi precedido por uma fase de cultivo em que fui enterrado em um pedaço de chão de terra. Comecei a entender que as etapas da vida nas quais me parecia, na época, estar perto do meu fim na verdade eram estágios de semente visando à próxima estação. Eu não poderia produzir frutos sem passar por frustrações. Nem Deus poderia fermentar o meu fruto para convertê-lo em seu vinho à potência máxima sem a minha disposição de ser destinado à sua prensa.

Embora o processo não tenha me agradado, a minha fé se tornou mais profunda quando descobri esse novo ponto de vista. Tenho sido transformado por essa mudança de perspectiva à medida que aceito que Deus nunca teve a intenção de me levar a um lugar sem vida e nele me abandonar. A aparente morte que atravessei em companhia do Senhor era apenas o ponto de partida de um novo começo. E um novo começo tem a ver com o plantio e a morte de cada semente. Por esses estágios, cheguei à verdade: *Deus não estava me enterrando, e sim me cultivando.*

A transformação exige sacrifício, e eu me pergunto se você interpretou errado a intenção do Viticultor. Em vez de condenar você ao cemitério, como talvez lhe pareça, Deus está plantando você em um solo mais rico com o intuito de obter frutos mais excelentes.

Lembre-se, Deus está trabalhando, e não há pedaço de terra duro demais que ele não possa usar como o solo rico para o seu amadurecimento e realização espiritual. Onde quer que você esteja, por mais difícil que seja, olhe ao redor e deixe o Mestre ajustar o seu modo de pensar. Afinal, Deus ainda não deu o seu caso por encerrado. Qualidade exige tempo, e você é obra-prima do Senhor.

A estratégia divina

Você já observou a propensão que nós, seres humanos, temos de nos preocupar com a catástrofe em lugar da prosperidade? Fazemos tudo e qualquer coisa para evitar as experiências mais terríveis da vida, sem jamais captarmos o fato de que a própria muda não tem como compreender o processo de cultivo de seu ponto de vista limitado. De igual

DA PRESSÃO AO PROPÓSITO

modo, representa um golpe impactante na nossa compreensão limitada de Deus aceitar que o Senhor possa usar os métodos menos ortodoxos e os ambientes mais inóspitos para nos desenvolver em algo fervilhante com potencial para um crescimento dinâmico. Todavia, existe coisa melhor que ser liquidado e destruído pelas mãos do Mestre quando um novo modo de vida e de abundância é o resultado prometido? E se tudo o que lhe faltou na vida e o fez sofrer aconteceu dessa maneira para cultivar a sua grandiosidade interior?

Lutamos contra a soberania de Deus porque não nos agrada o lugar em que o processo divino nos colocou. Onde o Senhor encontrou você, contudo, e onde ele decide plantá-lo podem ser pontos bem diferentes. Todos estamos sendo enxertados em uma videira cultivada de maneira sobrenatural, e essa combinação leva tempo e custa tudo o que consideramos confortável e familiar. Ter a vida arruinada e cada detalhe perceptível removido de seu ambiente é traumatizante.

O Mestre, no entanto, age deliberadamente quando realoca os brotos naturais da nossa vida e os transfere para campos imperceptíveis da promessa. Eis o segredo para aceitar a violência visível dos tempos de turbulência: devemos nos lembrar de que o solo precisa ser revolvido ou permanecerá improdutivo, vazio de nutrientes e minerais, e incapaz de receber um novo plantio.

O ato do cultivar tem íntima relação com o nosso deslocamento proposital, pois nada do que cresce na natureza faz isso sem a mão cuidadosa e o olhar vigilante do viticultor.

O cultivo impõe ordem sobre o caos, orquestra harmonia na desarmonia, extrai cuidado do descuido e provê direção a quem está sem rumo. O cultivo quer fazer crescer e criar onde crescimento e criação parecem impossíveis.

Qualquer lavrador ou agricultor entende esse conceito, que pode passar despercebido para muitos de nós. Escolhemos um modo próprio de ver as coisas, de acreditar e de agir por acharmos que sabemos a melhor maneira de fazê-lo. O resultado é que perdemos a nossa verdadeira identidade e as bênçãos que poderíamos receber se nos submetêssemos ao processo.

Deus está inexoravelmente decidido a nos desenvolver até que nos tornemos algo que jamais seríamos sem sua intervenção direta. Quando nos encontramos devastados, esgotados, exaustos e feridos pelas circunstâncias, é possível que o Mestre a quem oramos para que afaste e solucione o problema seja o mesmo que autorizou o que está acontecendo e aquele que está utilizando essas circunstâncias para causar um efeito maior.

Depois de tantos anos ensinando, pregando, mentoreando e passando por tormentos infernais, acredito que o nosso amadurecimento exija que sejamos constrangidos a aceitar os métodos divinos e ser aprisionados por seu propósito. Veja, eu tive o privilégio de conhecer algumas das pessoas mais interessantes do mundo — e nenhuma delas se surpreendeu mais que eu por causa disso! Nos meus sonhos mais insanos, jamais imaginei sentar-me à frente do CEO da AT&T, ou ter oportunidade de ver Oprah Winfrey sair da rotina e atuar no mundo do cinema, da televisão e da mídia impressa.

DA PRESSÃO AO PROPÓSITO

Isso porque a semente de quem eu era não conseguia abranger o fruto que eu daria e o vinho no qual eu me converteria.

Não me tornei a pessoa que você vê hoje do dia para a noite. Fui desenvolvido até me tornar o que sou, e Deus continua fomentando muito mais dentro de mim. Nada do que você vê na minha vida atual aconteceu por mágica, sorte ou acaso. Tudo é fruto de propósito, cultivo e tempo, o apogeu de miríades de detalhes aleatórios se fundindo em algo maravilhoso. Creio que Deus está fazendo a mesma coisa em você, por meio de estratégias deliberadas que são próprias dele.

Ou seja, a semente não compreende a videira na qual está se tornando. Tudo o que acontece na vida dela parece ser por acaso porque tudo o que ela consegue enxergar é o lamaçal do qual está tentando escapar. É quando somos videiras que conseguimos olhar para trás, para o que costumávamos ser, e concluir que aquilo que pareciam acidentes, incidentes e coincidências convergiu para a produção do que somos e do fruto que pende dos nossos galhos.

Você deixará Deus trabalhar na sua vida ou fugirá dos períodos mais conturbados? O que está à sua espera do outro lado do seu crescimento é muito melhor do que você pode imaginar, eu asseguro.

Deus não espera ouvir a sua opinião sobre como deveria ser o seu processo de crescimento. Ele espera apenas que você confie enquanto parece seguir processo afora aos trancos e barrancos porque todo crescimento é crivado de mudanças e correções constantes. Pelos tropeços da vida, o Mestre nos leva do

O ENTERRO

estágio de semente ao estágio de frutificação. E, por causa dos nossos planos, da nossa obstinação e da necessidade de impormos o nosso jeito de pensar e agir é que descarrilamos. Mas Deus não dispôs cada passo da sua vida até o ponto ao qual você chegou para deixar o futuro pesar exclusivamente nas suas mãos. Ele não o levou tão longe para culminar no beco sem saída da coação. Aos olhos humanos, o Senhor oferece uma bênção ou lição aleatoriamente, mas tudo faz parte do processo de cultivo ao qual ele submete você. Com ele, nada se perde. Deus redime até os nossos momentos mais sombrios, permitindo que nos tornemos um prisma de sua luz.

Agora que você parou para pensar em todas as dificuldades necessárias para uma semente frutificar, use uma planta da sua casa mesmo para refletir sobre o processo. Ao cuidar dela, regá-la e esperar que cresça, lembre-se de que a sua vida faz parte desse amadurecimento. Onde quer que você esteja no processo do plantio, confie em Deus para desenvolver o propósito dele na sua vida. Você está sendo cultivado com um propósito.

CAPÍTULO 4

Quando os problemas chegam

Atenção: se repentinamente a sua vida se tornar instável e você perceber um aumento na quantidade de esterco depositada sobre você, fique atento. Trata-se de um sinal do Senhor para que você examine com cuidado as áreas em que o seu crescimento pode ter estagnado. O viticultor aplica uma quantidade extra de adubo à planta que teima em não crescer, pois as desordens da vida fazem as vezes das vitaminas exigidas para obter frutos saudáveis. A ironia, claro, está no fato de aquilo que abominamos é ao mesmo tempo aquilo de que mais necessitamos. O uso inteligente feito pelo Mestre das provas, tribulações e problemas nos leva a produzir as melhores uvas para a fabricação de vinho.

A maioria de nós subestima tudo o que o Mestre tem investido na nossa vida. Tempo, localização, cultivo e até o sofrimento lhe servem a seu propósito singular. Se o Viticultor se deu a tanto trabalho para nos fazer crescer e nos ajudar a produzir fruto, por que nos consideramos incapazes de lidar com os problemas que cruzam o nosso caminho com a permissão dele? Por que achamos que qualquer ocorrência de privação e dor na nossa vida é o fim de tudo? Se Deus é onipotente, onipresente e onisciente — e de fato o é —, então precisamos aceitar que ele nos tem edificado com total conhecimento dos obstáculos que surgem no nosso caminho.

Não obstante, quando os problemas chegam, costumamos ignorar o plano perfeito de Deus e cogitamos aceitar os questionamentos do Inimigo. Permitimos que os nossos críticos interiores se munam de megafones ao fazerem comentários depreciativos e análises mordazes do nosso relacionamento com Deus, duvidando que ele nos ame e deseje o melhor para nós. Na verdade, o nosso inimigo espiritual adora sabotar a fé que temos em Deus com perguntas do tipo:

Como é possível que Deus saiba o que está fazendo se você continua doente?

Você viveu de contracheque em contracheque a vida inteira, mesmo tentando ser bem-sucedido. Como poderia haver sabedoria divina nisso?

Se Deus sabe tudo e é todo-poderoso, ele poderia ter impedido que o câncer se espalhasse. Você acha mesmo que ele sabe o que está fazendo?

Por que Deus permitiria a sua demissão do emprego depois de tudo o que você fez por aquele lugar? Que bem pode advir de estar no olho da rua?

Como Deus pôde permitir que o seu relacionamento acabasse? Se ele o amasse de verdade, iria mesmo querer que você ficasse sozinho ou sozinha?

Se pensamentos como esses já lhe passaram pela cabeça, saiba que você não está só. Eu também já me perdi em meio a essas reflexões miseráveis. São perguntas que assombram a todos nós em um labirinto de lamentações. Chafurdamos em dúvidas e preocupações e nos deixamos ser consumidos pelo medo e pela ansiedade. As nossas reclamações e dúvidas, contudo, provêm de um indivíduo que se esqueceu de que Deus foi muito específico ao talhar as nossas lutas a fim de que produzíssemos frutos suculentos.

A ideia de que fomos escolhidos para a dor nos confunde por acreditarmos que Deus segue cambaleante rumo ao nosso futuro, exatamente como nós. Presumimos que ele não tem consciência do que existe nas esquinas da vida, que seu ponto de vista é tão limitado quanto o nosso. Não nos afeiçoamos de imediato a um Deus capaz de dizer: "Ah! Esse lar despedaçado é perfeito para que esse sujeito se torne um excelente pai!". Pois que Deus amoroso faria o objeto do seu amor passar por tamanho trauma? Quando somos plantados em dor e sentimos a pressão do propósito divino é que sacudimos os punhos e exigimos que Deus interrompa seu plano de imediato e nos ajude com os nossos próprios desígnios.

Desperdiçamos tempo e energia valiosos toda vez que pensamos saber mais que Deus — mesmo quando não conseguimos encontrar sentido nas circunstâncias em que nos sentimos soterrados. E isso acontece *sobretudo* quando não conseguimos enxergar nada, exceto a escuridão, e só podemos inalar o mau cheiro da decomposição. Nessas ocasiões, precisamos confiar que alguma coisa está em crescimento. Alguma coisa está sendo gerada nas realidades invisíveis que provavelmente não somos capazes de ver. Como sei disso? Porque o Senhor deixou claro: " 'Porque sou eu que conheço os planos que tenho para vocês', diz o SENHOR, 'planos de fazê-los prosperar e não de causar dano, planos de dar a vocês esperança e um futuro' " (Jeremias 29.11).

Deslocamento

Quando os problemas chegam, quando você se sente deslocado e desorientado, não tem a menor graça. Ninguém quer passar por isso. Cansado, você se sente quase no fim das suas forças. É como se o desalojassem do seu lugar e o arrancassem de tudo o que lhe parece familiar na sua vida. Você sai à procura de alguma coisa que o ajude a se estabilizar diante das incertezas do amanhã. Todavia, acredito que seja nessa hora, nesse período, que você deveria parar de buscar ajuda exterior e permitir a Deus desenvolver e estimular os músculos entorpecidos do seu interior. Essa é a temporada na qual a sua perseverança, determinação e firmeza estão sendo aperfeiçoados. Apesar de você ter feito tudo o que podia para chamar a atenção do Mestre, na esperança de que ele abrandasse o plano de esmagá-lo, posso assegurar que Deus não está determinado a destruir você. Pelo contrário, ele tem o firme propósito de remodelá-lo e renová-lo. E empenha a própria palavra no sentido de que seu incômodo momentâneo proporcionará o fim mais lucrativo.

O Pai não transplantou você nem investiu tanto tempo e energia no seu crescimento apenas para lhe dar as costas e abandoná-lo. Ele o colocou no campo provido de luz solar, chuva e até esterco, todos necessários para você se tornar uma videira apta a gerar frutos. Esse campo não é o seu cemitério, mas o ambiente controlado que o Mestre utiliza para cultivá-lo.

Se é verdade que enxergamos Cristo como as primícias de algo novo e maravilhoso na terra, estamos dispostos a lhe seguir o exemplo? De fato nós o percebemos como a videira da qual brotamos e temos vida? Se nós, os ramos, estamos reconectados com o Pai, que é o lavrador, por meio de Cristo, a videira verdadeira (v. João 15.1), de tal modo que hoje carregamos sua imagem, faz sentido que passemos pelo mesmo processo de maturação. Se seguirmos essa linha de raciocínio, devemos ser cultivados em chão de terra porque Jesus foi plantado como uma semente — quando veio ao nosso mundo em forma humana — com o intuito de ressuscitar e dar nova vida a todos os que dele nascerem. Para que nós nascêssemos de novo, Jesus precisou ser plantado e morrer antes de ressuscitar para nova vida.

Infelizmente, não nos é dado o luxo de uma percepção antecipada e clara das provações que nos sobrevêm. Precisamos confiar que o Lavrador sabe o que está fazendo. Ao mesmo tempo que eu aceitava a gravidez da minha filha e a partida definitiva da minha mãe, ainda me restava uma ladainha de perguntas que apresentei ao Pai. Ele permaneceu em silêncio por algum tempo, o que me fez buscá-lo ainda mais. Eu precisei andar pela fé, não por vista, como ele pede a todos nós.

DA PRESSÃO AO PROPÓSITO

Por favor, entenda que é das profundezas de lugares obscuros e do chão batido na nossa vida que clamamos a atenção e o auxílio divinos, ao mesmo tempo que erramos ao interpretar que, como acontece com a semente natural, os micróbios presentes no solo da vida pouco a pouco devoram os nossos esforços de nos protegermos do mal. É justamente quando você perde toda a esperança que você vê algo nunca testemunhado.

Quando no seu interior você reconhece que talvez — só talvez — o lugar em que está agora é o quinhão que lhe foi destinado na vida, Deus permanece sem dizer nada, mas o lembra da promessa dele lhe mostrando a luz que você nunca vira. Irrompendo da terra imunda na qual foi colocado na vida, você germina e cresce para continuar enxergando outro mundo de possibilidades e repetir as famosas palavras de Davi: "Foi bom que eu tivesse passado pela aflição, para que aprendesse os teus decretos" (Salmos 119.71, NAA).

Sem ser plantada, a semente nada mais é que um potencial reprimido. Amamos achar que temos talento e habilidade para executar algo grande, mas ostentamos um sorriso menos largo quando somos submetidos aos processos de refinamento da vida. Mas não há íntima relação entre uma coisa e outra? Não é justo pedir ao Mestre lavrador que nos poupe da etapa de desenvolvimento da vida só porque nos sentimos incomodados quando ficamos sozinhos em lugares escuros.

Tudo o que aconteceu na sua vida ocorreu por algum motivo. Olhando para trás, para o rebento que abriu caminho

QUANDO OS PROBLEMAS CHEGAM

entre o chão de terra que o cobria, chegamos à conclusão de que entenderemos as razões por trás da nossa adversidade quando atingirmos o estágio de frutificação. Pois quando é que a vasilha conhece com precisão seu propósito? Não é quando o oleiro termina de formá-la e modelá-la?

O que são essas áreas e esses períodos em que a morte de um sonho, de uma incumbência ou de uma visão parece assombrar cada movimento seu? Eles nada mais são que acessos para o próximo domínio da sua vida. Não fuja deles. Acolha-os, porque a morte proverbial do que você está tentando manter vivo enriquecerá o crescimento e a vida de outras pessoas. Eles formam o terreno e o adubo que geram significado dos seus erros.

Sem nutrientes no solo em que se desenvolverá, a semente não pode ser plantada. Dela provém a videira. Da videira, os frutos. Dos frutos, ainda mais sementes originando outras tantas plantas. Como Jesus foi enterrado e dele continuam a brotar milhões de novas plantas espirituais que geram uvas maravilhosas para a produção do vinho eterno, milhares de sementes resultarão do fato de você ser plantado. Transformação requer sacrifício, e eu me pergunto se você confundiu o plantio promovido pelo Viticultor com ele condenando-o a um cemitério. Longe esteja do Eterno ser tão finito e temporário assim.

Encorajo você a permitir que a prisão divina do propósito cumpra sua função na sua vida: desenvolvê-lo até que você se torne uma videira bem robusta. Esse é o local do seu cultivo. Todavia, quando Deus o afastar do seu período de dor,

DA PRESSÃO AO PROPÓSITO

certifique-se de deixar sofrimento, amargura e raiva para trás. Como fez Nelson Mandela, que suportou vinte e sete anos na prisão por combater a injustiça. Ainda assim, ele disse: "Ao atravessar a porta rumo ao portão que me conduziria à liberdade, eu sabia que, se não deixasse minha amargura e meu ódio para trás, continuaria na prisão". Afinal, que bem faria ao Viticultor conduzi-lo ao longo de todo o processo para no final você dar origem a frutos medíocres que acabariam na fabricação de vinagre? Deus ainda não acabou de preparar você. Você é uma semente projetada para germinar. *Seu fruto está se convertendo no vinho de Deus.*

Ao deparar com um problema, do que você consegue se lembrar acerca da natureza divina? No passado, como Deus usou os problemas para o seu bem?

CAPÍTULO 5

Ser esmagado não é o fim

A realidade é que todos nós sofremos. Todos nós sofremos a perda dos filhos para gangues, para as drogas, para vícios que não compreendemos. Todos nós sofremos a indignidade do envelhecimento e do Alzheimer, do câncer e do encarceramento. Todos nós sofremos a montanha-russa da economia com menos dinheiro e mais contas. Todos nós sofremos o esfacelamento dos sonhos e a explosão que Langston Hughes, poeta e ativista social, entre outras coisas, descreveu com tanto brilhantismo quando os nossos sonhos são adiados uma e outra e mais outra vez.

Todos nós somos arrasados pelos mesmos golpes da vida. Mas nem todos nós permitimos que a experiência nos destrua. Alguns de nós descobrimos o segredo de produzir vinho do sumo remanescente. Sabemos que a seiva da videira se converte no fruto da taça.

Visitei o meu médico há várias semanas para os exames anuais. Uma das atendentes do consultório colheu o meu sangue para realizar as análises habituais, à procura de traços de alguma enfermidade. Profissionais da saúde requerem a coleta de sangue a fim de verem o que não conseguem enxergar a olho nu. O sangue lhes revela praticamente tudo o que precisam saber para compreender o que está e o que não está funcionando no interior do corpo humano.

De modo semelhante, os especialistas do sistema judiciário usam a análise do sangue para apurar informações vitais na solução de crimes. Analistas de vestígios de sangue trabalham em departamentos periciais e visitam cenas de crime a fim de estabelecer com exatidão o que aconteceu entre vítima e suspeito, examinando como e onde o sangue foi parar naquele local. E também a polícia e seus peritos comparam o sangue na cena do crime com bancos de dados de DNA para identificar o culpado. Ao mesmo tempo, vestígios de sangue coletado anos antes continuam a libertar pessoas encarceradas erroneamente.

Ao que tudo indica, portanto, além de o corpo usar e produzir sangue, esse mesmo sangue age como testemunha de atos que ninguém presenciou. Como observamos nos crimes, o sangue pode funcionar como um laço que liga os indivíduos a determinados atos praticados. Não importa o tempo, cada um dos envolvidos no crime está conectado com o sangue respingado. Se somos capazes de determinar semanas, meses ou mesmo anos mais tarde quem esteve presente em um assassinato porque o sangue comprova a identidade de quem o derramou, então o sangue se torna testemunha do passado por meio de sua existência no presente.

Se você comparar as palavras "testemunhar" e "testamento", verá que ambas têm a mesma raiz latina, *testi*, que quer dizer "presenciar". Na Bíblia, encontramos o mesmo sentido ligado à ênfase que Deus parece dar à importância do sangue.

Vezes e mais vezes o sangue se torna uma forma de infundir vida, de comunicar, revelar, proteger, selar, reconciliar e salvar. Por exemplo, no jardim do Éden, ao reconhecer que não era bom que o homem ficasse só, o Senhor criou a mulher de uma parte do corpo de Adão. Depois disso, quando Adão declarou: "[...] Esta, sim, é osso dos meus ossos e carne da minha carne! Ela será chamada mulher, porque do homem foi tirada" (Gênesis 2.23), ele usou tanto o sentido literal como o figurado.

Os filhos de Adão e Eva também descobriram o poder do sangue. Abel apresentou um sacrifício aceitável perante o Senhor, e Caim ofereceu sacrifício considerado inaceitável aos olhos de Deus. Por isso, os dois tiveram um conflito violento, e o ciúme de Caim o levou a matar Abel. A resposta de Deus a Caim é reveladora: "Disse o SENHOR: 'Escute! Da terra o sangue [inocente] do seu irmão está clamando [por justiça]' " (Gênesis 4.10[1]). O sangue da vítima fala e clama por justiça mesmo depois da morte.

Em Êxodo, quando o povo de Israel lutava para livrar-se da escravidão no Egito, vemos a aspersão de sangue no batente da porta das casas dos hebreus salvando os moradores da ira do anjo da morte. O sangue de cordeiros imolados, derramado sobre os altares no templo, tornou-se o meio de expiação dos pecados do povo antes da morte de Cristo na cruz. O contraste entre os dois é importante porque um tinha caráter temporário — o derramamento de sangue animal para o sacrifício do momento — e o outro é eterno, uma

---

[1] Tradução livre da versão Amplified Bible em inglês, utilizada pelo autor.

vez que o derramamento do sangue e a ressurreição de Jesus derrotaram para sempre o pecado e a morte.

O sangue tem um poder impressionante. E Jesus nos lembra de que não podemos celebrar sem ele. A fim de celebrarmos a ressurreição de Jesus, temos primeiro de reconhecer o sofrimento e a devastação da cruz. Jesus foi esmagado de todas as maneiras — espancado fisicamente, isolado emocionalmente e despojado espiritualmente. Uma dor lancinante percorreu cada centímetro da sua estrutura. A cruz fora desenhada de forma diabólica para torturá-lo. Quando os pregos em suas mãos se tornavam insuportáveis, ele mudava o peso do corpo para as pernas e os pés, o que causava ainda mais agonia por causa dos pregos fincados também em seus tornozelos. Quando o peso sobre seus pés se tornava excessivo, Cristo voltava a se apoiar nas mãos presas ao madeiro. Sem ter como escapar da dor, ele suportou crescente hipóxia, o que torna cada tentativa de respirar mais trabalhosa que a anterior. A falta de sangue que o acometeu era tão grave que todos os seus órgãos entraram em rápida falência, ávidos por oxigênio. Resumindo, Jesus estava sufocando em consequência de seu extenso trauma físico.

Com um último suspiro, Jesus balbuciou ofegante: "*Está... consumado!*".

As trevas

Os evangelhos de Mateus, Marcos e Lucas dão testemunho das trevas que desceram sobre Jerusalém no instante da morte de Jesus. A escuridão imperou pelo período de três horas. Há quem procure desacreditar o relato dos três discípulos atribuindo as trevas a algum fenômeno natural, como um eclipse solar ou condições meteorológicas ruins. Do meu ponto de vista, sem tirar nem acrescentar nada ao relato bíblico, sinto-me levado a acreditar que algo mais acontecia para levar os céus a não darem nenhuma luz naquele momento. Pois o Deus que resolveu manifestar aquelas trevas é o mesmo que controla a meteorologia e a rotação da Terra que ele criou.

Então, por que trevas durante três horas? E por que chamara nossa atenção para esse fenômeno?

Já precisei consolar muitos pais que perderam os filhos prematuramente. Não posso e prefiro nem imaginar uma ocasião em que tivesse de discursar no velório do meu próprio filho ou filha antes de enterrá-lo ou enterrá-la. É um pesadelo que prefiro não ensaiar. Mas há pessoas que têm o infortúnio de sofrer essa experiência. Vejo-as desesperadas, ouço-lhes os gritos, compareço a suas celebrações fúnebres e as aconselho no meio da depressão subsequente e das ideias suicidas. Digo isso com o intuito de estabelecer os fundamentos para a compreensão do estado emocional de qualquer pai ou mãe que perdeu um filho ou filha. Talvez esse seja o seu caso. Se é, você conhece intimamente a dor associada a esse trágico acontecimento.

Se as emoções nos são dadas por nosso Criador, devem ser moldadas segundo as emoções dele. Afinal, sabemos que Deus também ri. Experimenta alegria, dor e raiva. A única diferença entre as emoções dele e as nossas, que somos capazes de compreender em plenitude, é que as dele são puras e nunca foram maculadas pelo pecado. Dito isso, a dedução lógica não seria que Deus vivencia suas emoções em um nível que suplanta em muito as nossas? Portanto, a dor dele ante a visão do próprio filho morrendo e se convertendo na representação do mal que tanto infectara o coração humano deve tê-lo dilacerado. Além disso tudo, o Pai precisou dar as costas para o pecado que Cristo personificava naquele momento porque a justiça e a injustiça não têm parte uma com a outra.

O Pai abandonou o Filho a quem amava a fim de poder se reconectar conosco.

Com a dor experimentada pelo Todo-poderoso e a conexão existente entre ele e cada aspecto da criação, não creio ser improvável que toda a natureza reagisse à morte do Filho glorioso.

O escurecimento do sol poderia ser visto como um reflexo do Mestre que chorava não por aquilo que seu Filho se tornara em nosso favor, mas também, acredito, pelo fato de que tão poucos de seu povo o tenham recebido. O sol se recusando a brilhar nos deu prova tangível de que a luz nos olhos de Deus temporariamente se ofuscou. Oh, sim. Sem dúvida, o sacrifício e a ressurreição de Jesus poriam o mundo de cabeça para baixo e levariam à colheita de bilhões de almas pelo resto da história humana. Naquele instante, contudo, o Mestre, em sua natureza eterna, pranteou a morte de seu Filho amado.

Algo mais, porém, aconteceu na morte de Jesus. Ele entregou o espírito, significando que a alma dele partira de seu corpo mortal. Embora seu corpo logo fosse depositado em um túmulo, seu espírito eterno já trabalhava no sobrenatural. Tendo retrocedido e avançado no tempo a fim de se apoderar de cada pecado cometido pela humanidade, Jesus tomou sobre si o castigo e a morte que merecemos. Ao descer à sepultura e vencê-la em prol de todos que o recebessem — do passado, do presente e do futuro —, Cristo a obrigou a abrir mão de seus primeiros frutos, os santos que tinham partido antes como testemunho de sua obra.

Só o registro do evangelho por Mateus fala sobre a abertura dos sepulcros e o aparecimento dos santos mortos a caminharem por Jerusalém. Tenho visto muitos pastores e professores omitirem esse fato com medo de terem de explicar o fenômeno, mas continuo me apegando à ideia de que a presença de Jesus dentro de uma cova em benefício da humanidade maculada pelo pecado não só forçaria os túmulos a libertarem um punhado de fiéis de suas garras, como também transtornaria a própria Terra.

Afinal, um novo tipo de homem estava nascendo — algo que era a encarnação do religamento de Deus com sua criação preciosa. Junto de sua dor, as trevas desceram e os alicerces do Planeta se abalaram. Ainda assim, o que aconteceria se olhássemos para o terremoto que acompanhou todo o evento como os movimentos involuntários do útero que luta para dar à luz a novidade colocada em seu interior pela semente da morte sacrificial de Jesus?

Lembremo-nos de que Jesus sofreu em nosso favor e desceu à sepultura a fim de que pudéssemos ascender de volta à nossa posição de justiça em Deus. Ele quebrou os grilhões que nos prendiam ao pecado e à morte. Como resultado, o sepulcro foi obrigado a soltar as amarras sobre o fiel que viveu antes de Cristo chegar. Daí o terremoto. Depois que seu Senhor subisse, eles também subiriam. O tremor da terra firme não foi apenas uma reação ao tumulto emocional do Mestre. Não, deve ter sido a extrusão dos primeiros frutos da nova criação engendrados pelo cultivo da semente de um Salvador sacrificial. Como o "coroamento" da cabeça do bebê na hora do parto, quando ela surge e se aproxima o momento de o bebê deixar o útero, assim surgiram também os primeiros frutos.

Sem esmagamento não haveria não haveria cabeça alguma coroada! O sofrimento jamais deve ser desperdiçado. Sangue derramado é sempre sangue redimido. *Ser esmagado não é o fim.*

A redenção

Há coisas na sua vida que você escondeu debaixo da terra porque as rotulou como mortas. Decretou que elas não têm vida nem propósito. Talvez você tenha abandonado um casamento, ou dado adeus a seu relacionamento com o Senhor. Como o seu sofrimento permanece tangível, densas trevas envolvem agora o seu coração e você tarda em devolvê-las ao sepulcro por causa da dor que experimentou um dia. O trauma causou tremendo abalo em cada aspecto da sua vida, e você jurou nunca mais ter esperança, nunca mais sonhar, nunca mais amar e nunca mais apostar que a vida poderia ser melhor.

Contudo, justamente o fato de que a vida emergiu do sepulcro em reação à morte de Jesus sugere que aquilo que você enterrou ainda tem propósito. No entanto, essa verdade é difícil de aceitar porque você luta até perceber que ela tem uma aparência muito diferente comparada à última vez que a viu. Antes corrompida pelo esforço e pelo pecado humano, ela retorna envolta na glória de um Salvador desejoso de que você retorne e reconheça a vida que nela habita hoje.

Seja qual for a sua paixão — o seu sonho, família, igreja, negócio, livro —, Jesus não morreu para salvar só você. A morte dele aconteceu em razão de cada porção sua da qual você desistiu. Torne a olhar para elas. Com o Mestre, cada uma dessas partes renasce à medida que ele sai do sepulcro com todo o poder nas mãos. Como os santos ressurretos caminhando pelas ruas de Jerusalém no dia da morte de Jesus foram o "coroamento" do nascimento após a sua ressurreição, assim também aquilo que você enterrou está "sendo coroado".

O seu esmagamento nada mais é que o início de um glorioso processo de transformação que revelará quem e o que você é de verdade para o mundo e para você mesmo. E esse é só o primeiro passo. O ato de aceitar Jesus acontece primeiro, assim também o seu esmagamento. Como as uvas são esmagadas primeiro, assim é o seu esmagamento. Muito mais está por vir — muito, muito mais.

DA PRESSÃO AO PROPÓSITO

Do que você desistiu? O que você escondeu debaixo da terra? Como isso pode ser resgatado de uma nova maneira, diferente da que você espera ou da que você experimentou? O que poderia estar "coroando" hoje na sua vida?

CAPÍTULO 6

Prepare um pouco de vinho

Nos tempos mais complicados e desafiadores, às vezes fica difícil entender o que Deus pretende. Podemos maldizer a dor e até duvidar quando estamos nos sentindo esmagados, mas, à medida que crescemos e adquirimos novas percepções, podemos usar esses períodos do passado para nos lembrar da fidelidade divina. Eles são o lembrete de que sobrevivemos antes e sobreviveremos outra vez.

Suando no calor do Mississippi ao lado do túmulo do meu pai, eu mal sabia aos 16 anos que não só sobreviveria à absoluta devastação da minha alma, como também produziria vinho novo. Eu nem podia imaginar, quando vi meu carro ser retomado pela financeira, que ainda teria mais do que o suficiente para mim, para a minha família e para outras pessoas que consigo abençoar. Eu mal podia perceber como aquelas noites insones valeriam mais do que o vinho de me encontrar com reis e presidentes, de ministrar a milhões de pessoas ao redor do mundo e de pastorear o meu rebanho.

A minha história nada tem de diferente do que Deus está realizando na sua vida. Por causa de tudo o que você perdeu, de tudo o que foi esmagado, preparemos o vinho.

DA PRESSÃO AO PROPÓSITO

Em razão de cada cicatriz do seu corpo e de cada fissura no seu coração, preparemos o vinho.

Em razão de cada relacionamento perdido e de cada promessa quebrada, preparemos o vinho.

Em razão de cada dólar roubado e de cada oportunidade desperdiçada, preparemos o vinho.

Em razão de cada lágrima derramada e de cada dor sofrida, Deus opera na sua vida.

Preparemos o vinho!

O preparo do vinho exige mais que mudar o seu modo de ver a vida. Em termos espirituais, preparar o vinho requer derramamento de sangue. A importância do sangue ao longo das Escrituras não pode ser superestimada porque por meio dele vemos que a nossa posição com Deus mudou. Em consequência, faz sentido que a nossa identidade também mude. Vemos esse processo de transformação ilustrado de diversas maneiras em toda a Bíblia.

Veja o caso de Abrão, que se tornou Abraão. Ao estabelecer nova aliança com ele, a primeira ordem dada por Deus foi no sentido de mudar a identidade de Abrão. Em Gênesis 17.5, Deus deslocou Abrão de uma posição para outra, chamando-o a empreender uma caminhada diferente. Em vez de seguir o próprio caminho, ele deveria seguir o caminho que Deus lhe preparara. Esse é o ponto exato em que muitos de nós titubeamos. Buscamos um caminho próprio, sem compreender que o nosso orgulho e a nossa arrogância nos conduzem à destruição. Detestamos ter de receber instruções de seja quem for, pois pensamos saber tudo da nossa vida. Como resultado, não gostamos de ceder o controle e andar com Deus pela fé.

Costumamos cometer o equívoco de rotular as pessoas com base no que elas fazem. Contudo, agindo assim, não seríamos obrigados a sempre considerá-las pela última coisa que fizeram? Deus não age da mesma forma conosco. O Mestre sempre nos considera segundo o que ele depositou em nós e pelo que faremos por ele. Apresento à sua consideração o fato de que Deus nos considera pelo que seremos, ao passo que nós lutamos com o que fomos e fizemos. Quando Deus alterou o nome de Abrão, aumentou a distância entre quem aquele homem fora um dia e quem Deus lhe disse que ele seria no futuro. Para compreender melhor essa distância, tudo o que precisamos fazer é comparar os nomes.

De acordo com o texto bíblico, *Abrão* significa "pai excelso", enquanto *Abraão* quer dizer "pai de muitas nações". A aliança promovida por Deus na conversão de Abrão em Abraão aponta para algo que o Senhor tem feito com a humanidade há milhares de anos. O tempo todo o Mestre fala a verdade para a humanidade acerca de quem e o que nós somos e confirma essa nova identidade que temos por meio do derramamento de sangue. O sinal da nova identidade de Abraão foi a exigência de que ele cortasse o prepúcio de seu pênis.

Além da dor envolvida, o gesto poderia parecer insignificante até levarmos em consideração que o povo ao redor dele, na terra de Canaã, não exigia que seus integrantes do

DA PRESSÃO AO PROPÓSITO

sexo masculino se submetessem à circuncisão, a não ser na puberdade ou quando contraíssem matrimônio. Em flagrante contraste com os povos que o rodeavam, Abraão deveria não apenas circuncidar todo homem de sua casa, como também submeter os recém-nascidos à cerimônia no oitavo dia de vida. Sendo oito o número dos novos começos, cada homem estabelecia um novo relacionamento com Deus nesse dia, ao ser marcado como uma nova pessoa e parte de algo exclusivo a todos de sua linhagem.

Abraão não só recebeu um novo nome significando que ele estava sob os olhos de Deus, como também ele e todo homem e menino em sua casa — incluindo os servos contratados por período — carregavam em si a prova física de que não eram como os homens dos países e sociedades adjacentes. Tão exaustiva e completa era a promessa divina para Abraão que ela não se estendia apenas a todo homem e menino a ele associado, mas também a Sarai, sua esposa, que Deus renomeou Sara.

Com isso, você pode ver que Deus não tem interesse em apenas transformar você e a sua vida. Além disso, ele abrange, consome e enche tudo e todos os que lhe pertencem. Está em busca não apenas da sua mente, ou do seu coração, ou do seu corpo. O Mestre quer a totalidade de quem e do que você é, pois você não receberá menos que isso da parte dele. Como resultado, Abraão não poderia ser a única pessoa afetada por essa nova aliança. Sara teve de participar por ser uma só carne com Abraão. As bênçãos divinas se concretizam na nossa vida quando respondemos ao plano do Mestre alinhando-nos a ele em fé, como Abraão. Resumindo, ao nos reconectarmos com Deus, inserimo-nos naquilo que ele tem para nós.

A espera

Boa parte do processo de nos tornarmos o que Deus nos chamou para ser, aos nossos olhos humanos, se parece muito com esperar. Todavia, no meio dessa espera, com frequência estamos sendo aprimorados a fim de sermos a pessoa que Deus necessita que sejamos para o próximo estágio da nossa vida.

Quando aceitei o chamado para o ministério, lembro-me de ter rogado a Deus que me permitisse pregar. Eram tempos difíceis e muitas vezes confusos. Ser chamado e ficar em segundo plano, ouvindo pessoas discorrerem sobre livros da Bíblia sem o conhecimento adequado, foi a experiência mais exasperante da minha vida. Nesse meu período de preparação, o Senhor desenvolvia meu dom. Às vezes, eu pregava no chuveiro para sabonetes e esponjas. Caminhando pelos bosques da Virgínia Ocidental, impunha as mãos sobre as árvores. Isso tudo pode soar hilariante aos seus ouvidos, mas hoje vejo esses momentos como parte de uma temporada de fermentação, uma porção crítica do processo de vinificação. Passei anos limpando o tanque batismal e dirigindo cultos devocionais antes do início da adoração, questionando quando seria a minha vez de subir no púlpito e proclamar a Palavra infalível de Deus. O coração me doía, pois eu sabia que tinha algo a oferecer. Como no caso dos discípulos, meu coração estava dilacerado porque o processo não acontecia como eu desejava.

Esperar, porém, era muito mais vantajoso porque o Senhor estava trabalhando em algo maravilhoso em um local secreto. Ele operava no meu caráter. Trabalhava no meu coração. No meu nervosismo. Nas minhas motivações. Na minha sabedoria. Em *mim*, purificando cada impureza minha, porque de modo algum ele apresentaria ao mundo um produto que não tivesse sido submetido a refinamento, fermentação, aprimoramento.

Atuei sete anos como ministro antes de pregar o meu primeiro sermão e, nesse período, empilhei centenas de mensagens, prontas para serem transmitidas. O Senhor, no entanto, me manteve em compasso de espera, e a sensação era de que isso nunca mais teria fim. Mas tudo aconteceu por uma razão, e eu não percebi a razão maior — a produção de vinho — até que o bispo Carlton Pearson me convidou para falar em Azusa. Preguei um sermão mais tarde visto por Paul Crouch, que, por sua vez, assistiu a apenas um trecho dele pela TV, mas em uma época penosa, aflitiva e arrasadora da vida dele. Só por obra e pelo *timing* de Deus, Paul presenciou a transmissão daquele trecho do meu sermão e, a partir daí, me telefonou e me convidou para falar na rede de TV Trinity Broadcasting Network — TBN.

No período de fermentação — o tempo de espera —, você pode ser tentado a dizer que há pouca coisa acontecendo, mas erra por não perceber que há progresso na espera.

PREPARE UM POUCO DE VINHO

Você pode se descobrir em compasso de espera, voando em círculos, sem receber autorização para pousar, mas não sabe que, na fila de aeronaves querendo descer, seu voo passou da quadragésima para a segunda posição. Isso porque a transição não se parece com trabalho; costuma transmitir a sensação de se tratar de uma espera. Tem-se a impressão de estar subindo uma escada e se descobrir travado com um pé pairando acima do degrau sem que se possa usá-lo como apoio. Você está em posição de ser capaz de subir e avançar, mas descobre que existe alguma outra coisa a ser feita antes de se sentir inteiramente preparado para prosseguir. É nesse momento transitório de espera que Deus o prepara para o próximo passo.

Como em um procedimento de espera, o verdadeiro trabalho acontece às escondidas. O piloto do avião, sem saber com precisão o que está acontecendo em terra, só pode ser paciente enquanto os responsáveis pelo tráfego aéreo providenciam todos os detalhes. Do contrário, o avião pode descer antes que o piloto receba permissão e se chocar com outra aeronave taxiando para decolar. A destruição chega veloz na sequência de um movimento executado cedo demais. Assim, depois de nos esmagar, Deus exerce sua graça permitindo que fermentemos na aparente imobilidade da transição, de modo que possamos estar prontos para a próxima etapa.

Talvez seja da natureza humana, mas receio que uma coisa só piora a cada nova geração: odiamos esperar. Todos somos treinados para conseguir tudo *já*. Precisamos comprar agora, mudar agora, comer agora, liderar agora, conversar agora, mandar mensagens de texto agora, ter prazer agora. O casamento tem de acontecer agora. Necessitamos da família agora. Precisamos ter a nossa empresa e o nosso negócio agora. Queremos a realização do nosso destino *agora mesmo*, sem jamais considerar o fato de que a graça de Deus nos é oferecida quando ele nos dá permissão para fermentarmos no procedimento de espera.

Pode parecer que nunca acabará, mas na verdade a nossa fermentação dura apenas um breve período de transição. Nem sempre a vida será assim. Mesmo diante da pequena quantidade de trabalho é possível realizar depois de ser esmagado. A única coisa que o Vinicultor exige é que você exercite a sua paciência. Os ingredientes estão cada qual em seu devido lugar. Você foi esmagado, e seu suco, extraído. Agora é hora de deixar o processo divino de transformação se desenrolar.

A simplicidade da vinicultura

A vinicultura se resume em três passos básicos: esmagar as uvas, deixar o suco fermentar e recolher o vinho. Em outras palavras, você amassa a fruta, deixa o suco se decompor por fermentação e usufrui do resultado. Só isso. Claro, as vinícolas aprenderam outras coisas ao longo da história para refinar e aprimorar a produção, mas elaborar essa bebida apreciada pela humanidade por milhares de anos não requer quase nenhuma tecnologia. A operação é simples, direta e focada no essencial.

Em especial no caso da fermentação, o processo não tem complicação nenhuma. Nada mais é que o processo no qual

PREPARE UM POUCO DE VINHO

o açúcar da fruta é convertido em álcool pela interação com a levedura natural contida na casca das uvas. Depois que as uvas eram amassadas, na antiguidade judaica, o vinicultor deixava que as frutas e o respectivo suco permanecessem no tanque e fermentassem a céu aberto. Conforme a levedura agia sobre o açúcar, produzia um leve som sibilante, parecido com o da fervura. Era resultado da reação em que o dióxido de carbono era liberado. Pelo que se sabe, algumas pessoas permaneciam perto demais dos tanques e acabavam ficando inconscientes. Há relatos até de pessoas que teriam sido nocauteadas pelos gases a ponto de caírem e se afogarem no vinho em fermentação.

Apesar de simples, há que se respeitar o processo de fermentação. Ele ainda exige que o vinicultor mantenha atenta vigilância aos tanques para que o vinho não se transforme em vinagre. Entenda bem, se passar tempo demais, o suco fica amargo. Alguns deixam as uvas permanecerem nos tanques, mas alguns vinicultores optam por engarrafar o suco em fermentação. De qualquer das duas formas, o produto futuro é observado com atenção.

O dióxido de carbono é um produto residual expelido dos organismos depois de uma reação química. Por exemplo, cada vez que você exala, libera dióxido de carbono. Se você prender a respiração tempo demais, pode desmaiar ou sufocar por causa do acúmulo de dióxido de carbono no seu corpo, dando um fim abrupto a algo que deveria ter continuado a existir de outra forma. Sugiro então que o processo de fermentação pelo qual Deus nos faz passar age como uma vassoura espiritual, utilizada por ele para remover tudo aquilo de que não mais necessitamos. Afinal, no meio da transformação, tem de haver a eliminação do antigo e a adesão a tudo o que é novo. Uma coisa precisa dar lugar à outra, pois as duas não podem coexistir.

Seja o que for que o Mestre depositou no seu coração para você fazer por ele, imagino que ele tem feito ou fará você passar por uma temporada em um lugar oculto. Esse é o lugar no qual ele prepara você para a sua atribuição. E você não será o primeiro. José ficou escondido em um poço e em cadeias. Moisés ficou escondido no deserto durante quarenta anos. Davi ficou escondido no pasto apascentando ovelhas. Jesus ficou escondido no Egito quando criança, muito antes de suportar um tempo no interior do túmulo. Cada um desses homens foi isolado e cuidado pelo Mestre vinicultor apenas para evitar que alguém aparecesse e interrompesse o processo de maturação a que estavam sendo submetidos a fim de se tornarem vinho.

Agradeço a Deus por me esconder e me libertar quando ele se dispôs a fazê-lo, não ainda no período da minha fermentação. Não importa quão pronto eu achasse que estava para pregar e passar ao próximo nível do meu ministério, o Senhor conhecia o tempo de que eu necessitava para fermentar e maturar. O tempo dele raras vezes parece combinar com a nossa impaciência, mas para provarmos sabores temos de aprender a nos desfazer da pressa.

PREPARE UM POUCO DE VINHO

Muitos de nós nos apressamos a chegar ao fim do processo, tentando dizer para Deus que estamos prontos para o que ele tem para a nossa vida, e isso quando ainda nem entendemos em plenitude os dons que ele nos deu. Poderíamos permanecer esperando e ensaiando para quando chegar a hora de ocuparmos o centro do palco assim que a cortina da vida se abrir.

O tempo de Deus pode não espelhar as nossas expectativas, mas durante a fermentação temos de praticar a paciência e confiar no conhecimento perfeito que o Senhor tem do tempo necessário para alcançarmos a potência e o sabor mais intensos. O Mestre vinicultor sabe quando seu vinho está pronto. Sabe quando sua fermentação está concluída.

> Reflita na sua fermentação. O que você tem feito durante o período de espera? Em que sentido ele tem sido útil como um tempo para você se preparar para o que virá em seguida? De que maneira você pode usar a sua experiência para ajudar-se no próximo período de espera?

CAPÍTULO 7

Conversão

Continuando a explorar a analogia da produção de vinho, acho importante nos lembrarmos do que acontece às uvas pouco antes de serem esmagadas no processo de vinicultura. Quando as uvas estão no apogeu, bem vermelhas, no auge da maturação, suculentas, com o sabor acentuado graças à exposição ao sol, doces e cheias de néctar como nenhuma outra fruta, elas se transformam em cascas vazias, restos da antiga glória do tempo em que estavam intactas, antes de serem esmagadas. De repente, não têm mais beleza alguma.

Pois nos momentos de trevas mais intensas, consideramos como — não *se* — um dia seremos capazes de nos levantar outra vez e seguir em frente. Conhecemo-nos apenas como as cascas vazias dos sonhos etéreos que um dia deram alento à nossa alma. Mas, quando fermentamos e nos convertemos em vinho, não devemos nos esquecer de que um dia não éramos nada comparados com aquilo em que estamos nos tornando.

Jamais encontrei alguém que fizesse um sucesso incrível sem ter conhecido um lugar obscuro, vergonhoso, horrível, cuja travessia fora obrigado a suportar, sofrer e ao longo dela agonizar, cheio da pavorosa ansiedade de que talvez não sobrevivesse. Até que, no fim, devagar e pouco a pouco, com

DA PRESSÃO AO PROPÓSITO

tenacidade, a intervenção divina e o apoio de outras pessoas, acabaria provando a si mesmo que estava vivo.

Quem passa por isso recomeça a sentir a própria força. Constata que nunca mais será o mesmo. Mas e se fosse capaz de prosseguir? E se um diamante surgisse do peso esmagador aplicado à sua alma? E se uma pérola de valor incalculável fosse extraída de dentro da concha em que ele um dia esteve?

Quando Jesus ressuscitou dentre os mortos, mulheres foram as primeiras a ver a mortalha amarrotada como um cobertor descartado por Alguém que estava dormindo, aquele que despertara da morte de volta à vida. Elas foram as primeiras não porque estavam tão cheias de fé que acalentassem a expectativa de deparar com essa visão. Nada disso. Elas tinham ido ao sepulcro de seu Mestre amado por lealdade, para disfarçar o mau cheiro com incenso e mirra.

Todavia, a lealdade e a devoção dessas mulheres me intrigam. Elas não expressaram nenhum desapontamento diante de coisas como localização, posição ou política. Recusaram-se a protestar contra seu investimento vulnerável em uma aventura espiritual que da cruz agora parecia zombar delas. Que nada! Aquelas mulheres permaneceram fiéis ao que o Senhor tinha sido, não esperando nada além de lhe proteger a imagem dos transeuntes, de poderem se dar ao luxo de um último ato de amor e respeito a Jesus de Nazaré.

Imagine a surpresa e o desalento daquelas mulheres ao descobrirem que não havia cadáver nenhum, corpo nenhum,

CONVERSÃO

sinal nenhum de Jesus. O túmulo fora assaltado. A pedra que o encerrava estava rolada para o lado. Jesus não estava ali. O que isso queria dizer?

Elas voltaram com a novidade para comunicá-la aos homens. As primeiras divulgadoras do evangelho eram mulheres. A atitude delas não foi recebida com alegria, pois quem acreditaria em algo tão fantástico? As pessoas podem se sentir de tal modo inferiorizadas que ninguém as imagina capazes de dizer certas coisas, por isso as notícias propagadas por aquelas mulheres foram recebidas com descrença, no máximo com uma curiosidade cética. Pedro e João correram para ver se aquilo era verdade ou apenas uma invencionice tola.

Entraram então no sepulcro e... nada! Recuaram de seu interior atônitos com o que viram. Jesus ressuscitara. Não era exatamente o que eles esperavam; por outro lado, a mente deles deve ter entrado em parafuso, tentando processar a reviravolta chocante e impensável. De repente precisaram rever, analisar e reajustar todos os momentos com o Mestre. Fora aquilo a que Jesus se referira o tempo todo?

Cristo ressuscitou dentre os mortos não apenas pela salvação de cada indivíduo, mas ele também retornara para trazer o poder da ressurreição por meio do Espírito Santo a todos nós como coletividade, na condição de seu corpo, sua noiva, a comunhão dos que creem, conhecida como igreja. A maioria dos teólogos e historiadores eclesiásticos considera o Pentecoste o ponto crucial para o nascimento da igreja. Nele, os cristãos se reuniram com o intuito de orar, adorar e receber o dom do Espírito Santo a lhes inundar mente, coração e corpo do poder divino da ressurreição.

Quando começamos a falar sobre o poder glorioso do Pentecoste que deu à luz a igreja, precisamos entender que ele tem total sincronia com o lugar sanguinolento e desolado da Páscoa. O Pentecoste foi um lugar em que os ceifeiros se reuniram para amarrar os feixes e colher os benefícios do esforço de seu trabalho. Passados apenas cinquenta dias desde o sangrento ponto crítico no tempo e na história, o Pentecoste revelou o dom que emergira do sacrifício mais precioso de Deus.

O nosso choro dura uma noite, mas a alegria vem pela manhã. Queiramos ou não, todos precisamos tomar algum tipo de cruz e seguir Jesus sofrimento adentro. Todos temos a nossa cruz para suportar. Um casamento fracassado, um filho com necessidades especiais, um acidente debilitante, uma doença crônica, dívidas insuportáveis. Todos enfrentamos a devastação, mas nunca podemos nos esquecer de que ela não é o fim. Passamos da vinha para o tanque e então para a vitória.

Agarrar-se a essa verdade, no entanto, pode ser muito difícil. Ainda mais quando tudo à nossa volta começa a nos escapar pelos vãos dos dedos. Quando me casei, eu tinha um carro, um bom emprego e um lugar onde morar. Pouco depois de dizer o famoso "Sim", o meu carro sofreu perda total, a empresa em que eu trabalhava fechou e me peguei tendo de lutar para comprar o alimento com que dar de comer à minha família. Usávamos toalhas de papel e

CONVERSÃO

fita adesiva para confeccionar fraldas para nossas crianças. Devolvíamos garrafas e latas de refrigerante em troca de dinheiro a fim de comprarmos mantimentos. Lembro-me de ter parado no acostamento de uma estrada para apanhar maçás debaixo de uma árvore, na extremidade da mata. Nunca me esquecerei das noites em que fiquei olhando fixo para o céu e tentando imaginar se algum dia superaríamos aquelas dificuldades.

Tampouco me esquecerei da ocasião em que voltei da igreja para casa certa noite e descobri que a empresa distribuidora desligara a energia elétrica da nossa casa. Eu não tive coragem de contar para os nossos filhos, tão jovens na época, por que estávamos no escuro. Em vez disso, improvisei na hora e disse que aquilo era um jogo. Eu desligara a luz, e quem conseguisse ir para a cama sem bater os dedos dos pés em nada seria o vencedor. Eu não queria que eles crescessem pobres e se sentissem limitados por essa consciência. Queria que soubessem que era possível às pessoas de cor ter muito mais, coisa que eu não estava sendo capaz de demonstrar na época. Eu não sabia de que maneira, mas sabia que precisava aguentar firme bem além do ponto da minha devastação e confiar que existiria vida depois daquele sepulcro.

Alguns anos mais tarde, quando escrevi o primeiro livro e o meu ministério começava a decolar, comprei uma linda casa com piscina coberta, o que era irônico porque eu não sabia nadar. Mas eu puxava uma cadeira para perto

DA PRESSÃO AO PROPÓSITO

e ficava vendo os meus filhos jogarem água para todo lado e brincarem. Então, me dava a maior alegria mostrar a eles que a vinha tinha mais a oferecer. Eu gostaria que o meu pai tivesse vivido tempo suficiente para testemunhar essa cena e apreciar o vinho hoje sendo aberto após o esmagamento que ele suportou por minha causa. Ele costumava levar a nossa família para passear de carro nas tardes de domingo, percorrendo elegantes bairros de brancos, onde apontava para as casas que limpara durante a semana. Ele descrevia os tapetes e cortinas específicos de cada casa, a mobília e a cor dos cômodos. Muitas dessas casas costumavam ter aquelas pequenas estátuas de um jóquei negro junto à entrada da garagem ou nos jardins muito bem aparados.

Não sou o único a se esforçar para ver a vida além do túmulo. Lembro-me de ter visitado Coretta Scott King[2] certa vez e admirado seu apartamento luxuoso em Atlanta. Décadas antes, quando sua casa explodiu e a força do impacto fez que batesse as costas na parede da cozinha, ela não tinha como saber que um dia compartilharia o trauma na forma de um relato de sobrevivência redigido em uma luxuosa residência bem acima da cidade em que sua vida um dia correra perigo. Todavia, enquanto suas uvas amassadas fermentavam, gerando o vinho da experiência, da sabedoria e da influência, Coretta descobriu um sabor que não fora capaz de antever na época de sua devastação.

[2]   Coretta Scott King, viúva de Martin Luther King Jr., foi uma escritora e ativista norte-americana a favor dos direitos das mulheres e dos negros. [N. do T.]

CONVERSÃO

Mesmo depois da fermentação da sua dor e de você descobrir um novo endereço, um novo emprego, um novo relacionamento ou um novo estilo de vida, continuará lutando. Como o vinho recolhido dos tanques e despejado nas garrafas a fim de ser despachado, adquirido e consumido, precisamos aprender a ser encerrados em novas formas. Faz parte do processo.

Jesus ensinou: "Ninguém põe remendo de pano novo em roupa velha, pois o remendo forçará a roupa, tornando pior o rasgo. Nem se põe vinho novo em vasilha de couro velha; se o fizer, a vasilha rebentará, o vinho se derramará e a vasilha se estragará. Ao contrário, põe-se vinho novo em vasilha de couro nova; e ambos se conservam" (Mateus 9.16,17).

Para todos nós, o processo de transformação começa em cada um individualmente. Depois de suportarmos a nossa devastação, passado algum tempo e tendo experimentado uma perspectiva diferente que fermenta a nossa dor para convertê-la em poder pessoal, precisamos começar a nossa vida como vinho novo. Temos de aceitar que nada jamais será o mesmo outra vez. Não podemos reclamar, remediar ou reciclar o que se perdeu ou se quebrou. Devemos recomeçar sabendo que temos vinho novo a oferecer. Como Lázaro voltando à vida e deixando o túmulo para trás, precisamos desenrolar a mortalha do nosso corpo.

É hora de parar de viver no passado. De deixar o sepulcro para trás. De provar o vinho novo que Deus está produzindo na sua vida.

DA PRESSÃO AO PROPÓSITO

Registre no seu diário um apontamento celebrando a sua transformação. O que você deixou para trás? Pelo que você nutre grande expectativa como parte da sua nova vida?

CAPÍTULO 8

Deus está com você

Tive a oportunidade incrível de visitar o muro das Lamentações, única estrutura remanescente do que um dia foi o templo de Herodes em Jerusalém. Ele tem cerca de 18 metros de altura e 488 metros de comprimento. A área inteira estava repleta de turistas tirando fotos e admirando o local mais sagrado do judaísmo.

Algo ali despertou ainda mais a minha curiosidade. Muita gente escrevia suas orações em pedaços de papel e as encaixava nas fendas do muro. Juntei-me a esse exercício e deixei a minha oração por escrito no muro. Contudo, ao me afastar, observei que os judeus ortodoxos que visitavam o muro também colocavam suas orações em uma fissura. Mas, ao fazê-lo, moviam o corpo de determinada maneira. Enquanto oravam, cada um deles balançava o corpo para a frente e para trás, sem parar. Perspicaz, o meu guia me viu observando o movimento dos judeus e logo tratou de me explicar o significado. Disse ele: "Eles balançam assim em reverência à maneira em que Deus se moveu com eles no deserto. Onde quer que o povo de Israel fosse, Javé ia com eles".

Em poucos instantes, eu tinha um sermão poderoso sobre esse ritual prontinho na minha cabeça e no meu coração.

DA PRESSÃO AO PROPÓSITO

Deus, o Criador todo-poderoso do universo, viajava *com* Israel. Vivia e se movia entre seus filhos no meio do deserto, conduzindo-os em suas perambulações. O que mais me intriga nas características do Senhor é sua disposição não só para andar *com* seu povo, mas sua propensão para realocar os escolhidos antes de pôr em ação esse plano.

Você percebe a importância disso? *A mão e a presença de Deus se colocam diante e no centro de cada e de toda etapa do nosso esmagamento.* Não enxergar aquele que prometeu nunca o deixar ou desampará-lo nos dias da sua calamidade basta para você abandonar a esperança de que a vida será melhor de alguma forma. Assim, ao ver os judeus ortodoxos em constante movimento no meio de suas orações homenageando o fato de que Deus se movia com Israel no deserto, não sentimos que a atitude deles suplica para que prestemos atenção? Não deveríamos buscar a presença de Deus nos nossos próprios movimentos e transições na vida? E, se o buscarmos, como poderemos encontrá-lo?

Uma das maneiras de responder a essa questão, creio eu, exige que consideremos o que significa passar tempo com Deus, aprender a conhecê-lo e a nos comunicar com ele. Embora o tempo dedicado às nossas diversas responsabilidades requeira toda a nossa atenção, aprendi depressa como adulto que também preciso separar tempo para mim e para a minha família. Dar tudo de você para todos e deixar pouco — às vezes nada — para a família e para você mesmo é prestar um sério desserviço ao seu futuro e ao seu destino. Há que se falar ainda sobre o valor de ficar sozinho e dar um tempo em todo o alvoroço. Não faz o menor sentido chegar à hora de usufruir do seu destino e ter pouca ou nenhuma força para aproveitá-lo.

Todo mundo precisa aprender o valor, as propriedades terapêuticas e até a necessidade de ficar sozinho para descansar, recarregar, receber discernimento divino e purificar-se daquilo que o tem afetado. Estar sempre rodeados de pessoas e na presença dos outros nos impede de experimentarmos as bênçãos só encontradas na solitude.

Você precisa fazer do tempo de descanso uma prioridade. Mais importante ainda, precisa descobrir que determinadas bênçãos e recursos só são encontrados no descanso. Melhor ainda, algumas vantagens surgem exclusivamente quando e enquanto a pessoa está só. Tenho as melhores ideias e me movo mais rápido sem o peso de outras responsabilidades e distrações quando estou só. Além disso, o Pai ama falar conosco, em especial quando não existem distrações entre nós.

O Vinicultor valoriza a reclusão porque dá valor à colheita e ao vinho que seus frutos produzirão. Ele tem a propensão de remover e realocar indivíduos escolhidos para executar tarefas em prol de seu Reino entre multidões ou ambientes familiares. É raro ver Deus chamar alguém para um destino singular e permitir que essa pessoa continue onde sempre esteve. Esforço-me ao máximo para pensar em um único exemplo. É quase como se o Senhor quisesse cultivar algo dentro desses a quem chamou.

Encontramos esse padrão ao longo de todas as Escrituras. Noé, o primeiro vinicultor, experimentou a solidão quando

DA PRESSÃO AO PROPÓSITO

foi separado para construir a arca. Abraão recebeu ordem de deixar a terra dos pais em troca de um lugar que Deus lhe mostraria antes de firmar aliança com ele. José foi vendido como escravo pelos próprios irmãos e, longe da família, Deus o treinou para governar o Egito. Moisés, após se tornar um assassino, foi levado ao deserto, onde encontrou Deus e recebeu ordens para ser a voz e o libertador que livraria do cativeiro os filhos de Israel. Considerado o mais fraco da família, Davi ficou só durante o período de treinamento que o preparou para ser o sucessor de Saul como rei de Israel. Os evangelhos estão repletos de exemplos de Jesus se afastando para ficar só e orar.

Para o olho não treinado, tudo isso pareceria perambulação e gente andando a esmo sem nenhum propósito. Mas será que existe algo mais por trás dessa história toda?

Vemos que passar uma temporada sozinho é precioso aos olhos de Deus, mas não quero que você fique falando e reclamando sem parar da solitude que discutimos antes. Estou chamando a sua atenção para a propensão divina de conduzi-lo à posição e ao lugar mais estratégico para a vontade de Deus, ao mesmo tempo que você experimenta a sensação de estar perdido. Ele não faz isso apenas para preparar você. Mas porque a primeira coisa que vemos Deus fazer quando o encontramos no primeiro capítulo de Gênesis é pairar, refletir, soprar e se mover sobre as trevas e o vazio existentes antes de chamar à ordem a peregrinação, a ausência de forma, o nada, e de mandar a luz explodir iluminando a cena.

O que isso nos diz afinal?

DEUS ESTÁ COM VOCÊ

Muito simples: não servimos a um Deus estanque, imóvel, dormente, inativo ou ocioso. Desde o primeiro momento que o encontramos, vemos que Deus está sempre se movimentando. Sua movimentação sugere progresso e propósito. E, embora ele possa guardar silêncio em determinadas épocas, devemos aceitar o fato de que o nosso é um Deus em perpétuo movimento. Ora, se vemos que Deus está sempre se mexendo com algum propósito, quem somos nós para pensar que conosco seria diferente do Mestre que nos criou? Deus nos movimentará a fim de que realizemos seu objetivo e propósito únicos na e para a nossa vida.

Tempo com Deus

Se ao examinar os diversos aspectos da sua vida você encontra isolamento ou afastamento generalizados, saiba que você está sendo preparado para algo especial e que o Mestre deseja interferir no processo. Infelizmente, o distanciamento costuma trazer certo grau de dor porque todos nós, em algum nível, requeremos interação com algum outro ser humano. Afinal, até o Mestre diz que não é bom que o homem esteja só em caráter permanente. Para a nossa felicidade, nos momentos em que estamos sozinhos, o hábito divino de se comunicar conosco se impõe.

Já compartilhei alguns exemplos pessoais em que fiquei acordado até tarde, tentando encontrar ordem em circunstâncias desafiadoras. Mas, além de pensar, sentir e me angustiar pelas situações que resultaram na minha noite de desassossego

DA PRESSÃO AO PROPÓSITO

e insônia, também experimentei algo mais. Cansado de andar pela casa de um lado para o outro, aquietei-me e ouvi a voz mansa, o sussurro de Deus, a dar direção e me corrigir.

Deus nunca deixou de falar comigo. Oh, ele pode ter esperado para fazê-lo, mas nunca parou de se comunicar comigo. Pelo contrário, descobri que eu precisava permitir que Deus fosse Deus e se comunicasse comigo da maneira que ele considerasse melhor para o momento. Depois de calar a ansiedade gritante na minha mente, eu o ouvia proferir palavras de paz para a minha alma perturbada e oferecer passos que, uma vez executados, me fariam perguntar por que eu havia me preocupado tanto. É como lhe digo, os tempos de incerteza contam sempre com a presença de Deus e sua capacidade de transmitir sabedoria, identidade e paz.

A experiência se parece bastante com a de um encontro marcado. Qual foi a última vez em que você saiu de casa para um compromisso desse? Não me refiro a sair para simplesmente conhecer alguém. Falo de quando alguém sai e prepara o terreno para uma experiência com a pessoa amada — quando alguém cria um momento que ela considerará inesquecível. Não faço essa pergunta a fim de provocar constrangimento em quem não tem um encontro amoroso há algum tempo, nem para fomentar a vanglória da conquista para quem tem saído para namorar. A minha pergunta salienta o motivo por trás do encontro marcado.

Apesar de nossa sociedade contemporânea ter mudado o que significa marcar um encontro com alguém, o ímpeto por trás do encontro e do namoro é conquistar. Visto sob essa luz, quem deseja conquistar convida a pessoa de seu interesse, aquela que ele ou ela deseja amar e para a qual quer se revelar.

Você se lembra do valor que descobrimos em estar a sós e como o Mestre libertou Israel das mãos do opressor? A partir de então, Israel passa diretamente para o deserto, e o plano divino para esse povo era que eles o adorassem e estabelecessem um relacionamento com ele. Deus fez isso com seu braço poderoso e revelou-se ainda mais para eles.

Ele os alimentou de pão e codornizes tirados de sua mesa ao mesmo tempo que lhes dava água de sua rocha, proporcionando a seu povo um jantar cinco estrelas. Tudo isso enquanto refrescava Israel durante o dia com uma nuvem que os conduzia e com seu fogo romântico que os aquecia à noite. Deus *cortejou* Israel no deserto, mostrando-lhe uma medida das próprias habilidades para amá-lo todos os dias. E, quando quis estar próximo a eles, especificou o cenário em que os encontraria: El Moed, a tenda do encontro ou o tabernáculo de Moisés.

A tenda do encontro era portátil e viajava seguindo todo o acampamento. Nela eram oferecidos sacrifícios diários pelos sacerdotes, e o sumo sacerdote entrava no Lugar Santíssimo da tenda uma vez por ano em favor de Israel.

Compreenda, no entanto, que os quarenta anos de peregrinação de Israel pelo deserto foram mais que uma forma de punição pela descrença do povo em seu Deus-Libertador, como indicam as Escrituras (v. Números 14.34). Sim, a descrença de

DA PRESSÃO AO PROPÓSITO

Israel condenou a nação a vagar um ano de cada dia em que lhes foi permitido examinar a vastidão e beleza da bendita terra prometida que Deus jurara lhes dar. Mas pense no que levou Deus a chamar Abraão de amigo — o fato de ele crer nesse Deus. Se a fé de Abraão fez o Senhor estabelecer uma relação de aliança com ele, então as peregrinações de Israel no deserto por causa de descrença não eram algo determinado por Deus pelo simples prazer de torturar pessoas. O livro de Provérbios nos lembra de motivação maior: "Porque o SENHOR *corrige* quem ele ama [...]" (Provérbios 3.12, *NTLH*).

Assim como fez com Israel, Deus chama você para deixar a terra da opressão, do vício, da dor e das circunstâncias que o levam a acreditar que você nunca mais se levantará outra vez. Ele abriu a porta para você iniciar seu êxodo, mas você precisa depositar cada porção da sua fé e confiança nele para fazer o que só ele pode fazer, ou seja, cuidar de você. Ele o chama para adorá-lo a fim de ter a oportunidade de desenvolver com você um relacionamento fora do alcance de seus abusadores e dos hábitos mortais que você cultiva. E, embora Deus o chame para estar com ele no deserto e testemunhar quanto o ama, não ignorarei o sentimento esmagador que muitos experimentam quando são libertos de qualquer opressão.

Eles vivenciam a sensação de estarem desorientados em meio à peregrinação.

Perambulamos porque ansiamos por dias de familiaridade, mesmo quando esses dias trouxeram momentos terríveis de dor, angústia e total falta de esperança. Porque a primeira coisa

DEUS ESTÁ COM VOCÊ

que as pessoas fazem quando levadas a um espaço novo é começarem a buscar um modo de se estabilizar no desconhecido. Vendo-se incapazes de encontrar qualquer apoio identificável a que se agarrarem em uma nova etapa, olham para trás, para algo corriqueiro, a fim de receberem conforto. Para muitos, o conforto é a pornografia, mesmo quando ela causa o fim do casamento. Para outros, é o abuso do álcool, apesar do fígado enrijecido e dos rins paralisados a ponto de levá-las à lista de espera para um transplante. Para alguns, é o calor dos braços de um amante antigo, apesar de as mãos no fim desses braços terem deixado marcas e hematomas no rosto que os forçaram a mentir para justificarem a própria existência.

Você se surpreenderia com o que as pessoas fazem só para se sentirem à vontade durante seu período de perambulação — esse período em que você procura algo mais no lugar do Deus que o libertou porque até o seu Libertador lhe parece muito estranho, a ponto de você ser capaz de optar pela destruição. Afinal, você não consegue distinguir entre o porto seguro da presença do Senhor e as praias pedregosas da privação. O mecanismo de superação que você empregou durante as suas peregrinações fez que perdesse a orientação espacial.

Como vimos na vida dos filhos de Israel e daqueles que sofrem nas mãos de quem deles abusa, seria possível que o nosso verdadeiro problema de descrença derive da realidade de que temos depositado a nossa fé mais no que e em quem nos traumatiza do que no Deus que nos ama? É possível, então, que a peregrinação por nós empreendida em virtude

DA PRESSÃO AO PROPÓSITO

da nossa descrença na verdade divina seja uma ferramenta que o Mestre utiliza para arrancar o "Egito" do nosso interior?

E se a etapa final do processo de esmagamento tiver o intuito de assegurar uma coabitação eterna entre Deus e seu povo, reconectados para sempre? E se o fato de termos Deus dentro de nós for o agente de fermentação espiritual necessário para nos transformar em vinho?

> Responda às perguntas que propus neste capítulo e reflita em como o tempo com Deus pode ajudá-lo a ser transformado.

CAPÍTULO 9

A harmonização

A harmonização evidencia uma nova dimensão do sabor dos vinhos. Com ela você aprende que os vinhos tintos combinam melhor com carnes vermelhas de sabor mais acentuado e pratos condimentados, ao passo que os vinhos brancos vão melhor com peixe, frutos do mar e aves. Você quer um vinho que complemente e realce o prato, ao mesmo tempo que tenha intensidade e sabor próprios.

Conquanto a harmonização do vinho seja agradável e lhe abra a possibilidade de apreciar um jantar refinado, existe outra harmonização que produz ainda mais benefícios. Refiro-me ao relacionamento entre você e o Mestre. Sua relação com Deus esgota toda noção de tempo porque um Deus eterno não pode produzir nada menos que uma semente eterna. Por isso, cada um de nós é planejado para a eternidade. Somos espíritos eternos temporariamente em corpos terrenos.

Você e Deus estabeleceram uma relação atemporal em que só houve uma pausa quando você nasceu na terra. A eternidade passada e a eternidade futura só estão separadas pelo tênue fragmento de tempo em que você e eu agora existimos nesta vida. Antes que o tempo começasse, você estava com

Deus, e, quando o tempo terminar, você estará de novo com ele. Resumindo, você e Deus foram feitos um para o outro.

Por mais que tente, você não pode fugir ao vínculo espiritual que o une ao seu Criador. Não é possível conseguir isso bebendo. Ou fumando. Ou fazendo sexo. Você pode tentar dar as costas a Deus e se afastar, vivendo a sua vida como bem entende, mas o Mestre colocou em você um laço que o impede de fazer qualquer coisa capaz de danificar o futuro vinho que ele vem trabalhando para produzir por seu intermédio. Em outras palavras, Deus permanece fiel mesmo quando nós não o somos. Apesar das nossas tentativas de fugir do esmagamento, Deus está determinado a nos converter de um nível de vida em outro. O que ele vem fazendo na sua vida não tem como fundamento a obra que você realizou. A sua salvação e nova identidade estão fundamentadas na obra acabada de Cristo, obra essa realizada com efeito eterno tanto quanto ele é Deus em sempre. Como vimos, podemos examinar todo o Antigo Testamento até hoje e vermos o vinho cor de sangue do Mestre escorrendo desde a eternidade e penetrando neste momento presente.

Deus prometeu que o encontraremos se o buscarmos (v. Jeremias 29.13). Em todos os meus anos buscando-o ativamente, no entanto, descobri que ele ama brincar de esconde-esconde. Nem sempre Deus se esconde nos lugares mais evidentes, mas deixa um rasto de migalhas de pão espiritual para seguirmos quando escolhe um lugar longínquo para se esconder. É fácil avistar Deus nas temporadas felizes que atravessamos, mas parece que ele é especialista em se ocultar nos locais mais indistintos nos nossos momentos difíceis.

Todavia, seria possível que Deus não tenha se escondido durante as nossas temporadas tumultuosas, mas apenas de uma forma que ainda precisamos aprender a reconhecer? Afinal, no início até os discípulos acreditaram que Jesus era um fantasma quando o viram caminhando sobre o mar agitado pelo vento. Não admira, portanto, que exigissem vê-lo com os próprios olhos depois que ele se levantou do sepulcro. Eles não compreendiam como Cristo podia mudar de maneira tão dramática o curso da natureza como eles a entendiam e ainda ser o Mestre que conheciam e amavam.

Antes de criticarmos a relutância deles em reconhecê-lo, poderíamos observar primeiro a nossa capacidade de localizar Deus na nossa vida. Diga-me, você é capaz de reconhecê-lo em alguma outra forma ou ele sempre precisa se revelar por meio do construto da familiaridade?

O Vinicultor não se daria a todo o trabalho de nos desenvolver se fosse para nos destruir. Se o Senhor nos quisesse ver mortos, poderia nos ter matado antes que produzíssemos qualquer fruto.

Refino

Já lhe aconteceu de desejar algo por tanto tempo que você acabou concluindo no seu interior que aquilo nunca iria acontecer? Ou você já teve de declarar a morte dos próprios sonhos de modo que enfim tenha um pouco de paz? A demora

DA PRESSÃO AO PROPÓSITO

no cumprimento das promessas divinas nos causa muita dor. Quando o Mestre nos transmite a visão do que fará na nossa vida, mostra-nos o topo das montanhas ao mesmo tempo que oculta os vales. Se você visse a subida que precisaria enfrentar para chegar ao cume, certamente abandonaria a viagem.

É a paixão que temos pelo cumprimento da promessa divina que nos move, mas é a oscilação entre dor e paixão que ele usa para nos refinar. É com as nossas paixões que temos de estabelecer a paz, quando confrontados com a realização morosa das promessas de Deus, porque a paixão deixa você insatisfeito com o que tem enquanto espera pelo que deseja. Diante da espera para sermos harmonizados outra vez com Deus, lutamos contra a ideia de pôr as nossas esperanças de lado a fim de podermos lidar com a agonia da demora. Desse modo embalamos os nossos sonhos em prantos por nos ser mais fácil permitir que as nossas paixões repousem em vez de possibilitar que se mantenham e acabem não sendo satisfeitas.

Contudo, o objetivo maior do Mestre não é torturar seus filhos em meio a tanta demora. Em vez disso, são as coisas ocultas nos vales do "ainda não" e do "espere" que fazem de nós quem somos. Deus chama a nossa atenção com as coisas ocultas à nossa espera nos vales — coisas que acontecem e nos pegam de surpresa, ou coisas com as quais não contávamos.

Os problemas que nos pegam desprevenidos são alarmantes e incríveis. Em momentos assim, você precisa decidir como reagirá ao que lhe acontece porque não pode controlar o que a vida coloca no seu caminho. Mas a opção de como

A HARMONIZAÇÃO

reagir de fato lhe pertence. Você desiste de Deus, deixa os seus sonhos de lado e se convence de que as promessas do Senhor jamais se concretizarão?

Ou você confia naquele que o segura nos braços, apesar de os vales da vida ameaçarem fazer da sua fé a próxima vítima? Se Deus usa os nossos vales para nos preparar para o topo, temos de perceber que ainda não estamos prontos para as promessas que residem em tão grande altura. Afinal, Deus esconde seus tesouros até que sejamos capazes de manuseá-los. E, como não enxergamos o valor do que está por vir, não ficamos na expectativa do inacreditável. Quando não estamos olhando é que as coisas se movem. Quando estamos dormindo nos vales é que Deus realiza seu melhor trabalho, pois o Mestre não necessita da nossa ajuda enquanto nos transforma. Ele só exige a nossa fé e submissão.

Tenho plena convicção de que Deus me fez quem sou nos pontos baixos da minha vida. As noites em que chorei até pegar no sono e as lágrimas que me escorreram pelo nariz foram o que Deus mais usou para desenvolver a pessoa que sou hoje. Foram as coisas escondidas nos vales que Deus usou para extinguir os desejos da minha carne e arrancar de mim tudo o que me impediria de ser seu vinho. Tive de aprender a não ter medo das experiências no vale, e sim aceitá-las — e o processo continua. Acredito que com você aconteça a mesma coisa.

Sabemos que Deus fará alguma coisa, mas não quando. Temos consciência de que ele nos abençoará, mas

DA PRESSÃO AO PROPÓSITO

desconhecemos como. Sabemos que ele nos conectará, mas não por intermédio de quem. Deus disse que nos libertará, mas não do quê. Declarou que estaríamos com ele outra vez, mas sem revelar tudo que teríamos de suportar ao longo do caminho. Tudo isso é preparação para a nossa harmonização final com o Mestre. Você está fazendo tudo para evitar ser esmagado nos vales, mas é necessário que isso aconteça para deixá-lo no ponto de se reunir e harmonizar com Deus. Não se deixe perder nas distrações.

Como Jesus experimentou o caos, a dor e a depressão nos piores momentos da vida antes de sua transformação, nós também experimentaremos as mesmas coisas. Se estávamos fadados a nos reunir com ele na eternidade, devemos trilhar a mesma jornada pelos vales da preparação. Você não deparou com o trauma por simples acaso. Foi conduzido até ele, escoltado à sua presença pelo Mestre vinicultor que de tanta vontade de estar ao seu lado disse: "Olhe. Eu vou primeiro. Suportarei o esmagamento para ser transformado em vinho".

As bênçãos e a transformação que há tanto tempo buscamos nos têm sido prometidas por um Deus que não nos libertou da escravidão apenas para sermos destruídos nos desertos e vales da descrença e dos anseios insatisfeitos. Não retroceda para as cavernas habituais das esperanças abandonadas e dos sonhos mortos. A harmonização eterna que um dia desfrutaremos com o Pai se aproxima sem demora. E mesmo que você esteja chorando "Não me faça ter esperança outra vez", o Mestre se mostra para você de uma forma diferente e mais

A HARMONIZAÇÃO

nova, prova de que nada do que você experimentou foi em vão. Até as demoras estão de acordo com o plano dele para a sua vida.

A nova forma que Deus assumiu é aquela que um dia você assumirá para a sua harmonização, quando você e ele estiverem juntos por toda a eternidade. O seu vinho durará para sempre. Não sacrifique a qualidade por não conseguir enxergar além da dor. Confie nele. O Senhor sabe com precisão — *exatamente* — o que é suportar o esmagamento pelo qual você tem passado. Em meio a tudo isso e além, ele está comprometido com você. A sua harmonização a ele desconhece o fim.

Como se sente sabendo que Deus deseja a harmonização eterna com você? Passe tempo com ele, agradecendo-lhe pelo dom da harmonização eterna. Renove o compromisso de confiar nele, não importa o que você está passando ou por onde vem peregrinando.

CAPÍTULO 10

Avante

A beleza de cada gota de vinho que carregamos está contida no que o Senhor Jesus fez por nós no Lugar Santíssimo. Na verdade, ele foi o primeiro a confirmar presença ante o convite eterno do Pai:

> Quando Cristo veio como sumo sacerdote dos benefícios agora presentes, ele adentrou o maior e mais perfeito tabernáculo, não feito pelo homem, isto é, não pertencente a esta criação. Não por meio de sangue de bodes e novilhos, mas pelo seu próprio sangue, ele entrou no Lugar Santíssimo, de uma vez por todas, e obteve eterna redenção. Ora, se o sangue de bodes e touros e as cinzas de uma novilha espalhadas sobre os que estão cerimonialmente impuros os santificam, de forma que se tornam exteriormente puros, quanto mais o sangue de Cristo, que pelo Espírito eterno se ofereceu de forma imaculada a Deus, purificará a nossa consciência de atos que levam à morte, para que sirvamos ao Deus vivo! (Hebreus 9.11-14).

Jesus não chegou ao propiciatório por meio do sangue provisório de animais. De repente, ele era tanto o sacrifício esmagado quanto o nosso sumo sacerdote. Logo, o sangue que aspergiu sobre o propiciatório no tabernáculo eterno era seu próprio sangue, um prenúncio daquilo em que nos converteríamos depois que ele nos transformasse. Jesus levou o próprio vinho para a degustação íntima à mesa do Pai.

Vendo que o Vinicultor opera na nossa vida algo moldado pelo que aconteceu na ressurreição de Cristo, o Vinicultor nos chama à câmara secreta de sua presença também. Com o Mestre enfim divisamos algo que não víramos nos compartimentos anteriores do tabernáculo. Vemos que não existe mais esmagamento, nem refinamento ou processamento, e que se acabaram o esforço e a luta. No lugar disso tudo, o processo foi substituído por algo muito diferente. Em vez de trabalho, há só relacionamento e ser quem somos de verdade — o vinho do nosso Rei.

Em se tratando do que Deus tem feito na nossa vida, da transformação pela qual ele nos faz passar e daquilo para o qual somos chamados, é importante tirarmos da cabeça os antigos estágios. Não há nada errado em se lembrar de como o Pai o carregou. No entanto, tendemos a nos agarrar ao passado às custas do futuro. Agora que somos vinho, não podemos nos dar ao luxo de continuar a pensar como uvas, permanecendo no pátio externo em vez de avançar em busca de coisas maiores.

O resultado é o vinho sendo transportado até o último compartimento do tabernáculo — o Lugar Santíssimo. Entramos no templo condizente com a alegria da grande festa da última colheita do Senhor. No Lugar Santíssimo, o Vinicultor nos convida a uma comunhão particular, de modo que

AVANTE

possamos degustar juntos o que ele criou em nós, bem como seus planos de compartilhar-nos com o mundo.

Essa grande festa não consiste apenas na reunião do Pai com seus filhos, mas também na junção moderna do vinho e do pão em um cenáculo celestial, uma experiência reminiscente do que Jesus fez na última ceia em companhia de seus discípulos. Uma santa festividade familiar sem igual. O círculo se completa agora: as partes simbólicas e as peças sagradas do tabernáculo do Antigo Testamento; a realidade da encarnação, quando Jesus se tornou humano a fim de sofrer pelos nossos pecados, morrer na cruz e ressuscitar; e o esmagamento que você tem experimentado na vida a fim de se converter no vinho precioso e santo, apropriado para um Rei.

Essa natureza eterna que carregamos dentro de nós nos dirige para o dia em que não mais necessitaremos do suporte físico, mas subsistiremos apenas do pão espiritual que Cristo distribuiu entre os discípulos no cenáculo na forma de pão físico. Se pensar bem, no entanto, você se recordará de que o pão não foi a única coisa oferecida por Jesus. Com o pão, ele serviu vinho, símbolo do sangue derramado em nosso favor e depositado sobre o propiciatório.

Por meio do quebrantamento esmagador suportado por Cristo, seu sangue se converteu no vinho novo segundo o qual a nossa transformação foi moldada. Estávamos destinados a nos tornar esse mesmo tipo de vinho pelo Vinicultor e pelo processo em que somos esmagados. Em essência, portanto, o pão da vida e o vinho do espírito nos atraíram de coração alegre à presença de Deus, de modo que desfrutássemos de comunhão mais elevada, melhor e eterna com ele.

Só que nessa nova comunhão encontramos uma diferença especial. Agora há intimidade, um toma lá dá cá entre nós, no qual o Mestre concede e nós recebemos. Agora que somos como ele na condição de seu vinho, a ele nos oferecemos para que se deleite naquilo em que nos tornamos. Não há nenhuma necessidade de sermos pão porque seu corpo nos serve como tal.

Como o mais excelente anfitrião, Deus supriu para nós o que não poderíamos suprir em benefício próprio. E, porque seu suprimento jamais se esgota, não precisamos nos preocupar com que a grande festa acabe logo. Entendendo que o vinho por nós personificado é eterno e está ligado diretamente ao Senhor, tampouco estacaremos, jamais. Portanto, a festa não terminará nunca, mas seguirá desimpedida entre o Mestre vinicultor e seu novo tonel de vinho — sua nova criação.

Uma nova criação

Quando acolhemos a ideia de sermos nova criação de Deus em Cristo, à medida que nos acostumamos a viver como seu vinho santo, começamos a experimentar novos níveis de alegria, paz, contentamento, propósito e satisfação. Não nos perguntamos mais por que estamos na terra. Tudo o que passamos mais que valeu a pena, sabemos disso, porque Deus o usou sem desperdiçar nada, a fim de nos levar ao ponto em que estamos hoje.

A sua devastação não é o fim — é apenas o começo. Ela marca o ponto em que você começou a ser cultivado com um propósito — o propósito divino. Produz sempre algo maravilhoso na vida de alguma outra pessoa. Jesus foi o primeiro exemplo que hoje nós seguimos.

Estou longe de ser perfeito, mas tenho experimentado a bênção de ser vinho santo para os que estão ao meu redor. E, para que você não pense que me vanglorio, por favor entenda que o que sou chamado a fazer me torna mais humilde dia após dia. Para mim é impossível agir por conta própria. Por meio de Cristo, no entanto, posso fazer todas as coisas.

Jesus assumiu por nós o que jamais seríamos capazes de administrar sozinhos, mas o Mestre não se deu por satisfeito apenas nos salvando. Nada disso! Deseja que sejamos como ele a fim de termos intimidade e comunhão com ele. E, embora levasse sobre si o castigo por todas as nossas transgressões e pecados, ele se empenhou para nos conduzir pelo processo de preparação até o encontro face a face que teremos com o Pai.

Eis a razão do nosso esmagamento. Eis a razão do nosso cultivo ou replantio.

Tendo sobrevivido e prosperado no esmagamento e na fermentação, podemos agora ouvir os ferrolhos pesados das portas eternas se abrirem à presença do Senhor, pois do outro lado do espesso véu está o Deus todo-poderoso que deseja

DA PRESSÃO AO PROPÓSITO

uma audiência conosco mais do que nós com ele. Porque, durante a conversa que teremos com ele, o nosso Pai quer compartilhar uma safra que possui na autoridade do Filho, "um ano muito bom"!

Talvez você precise se esforçar muito para se enxergar como vinho santo de Deus agora, e isso é compreensível. Mas, na verdade, você não é o que e quem já foi um dia. Você não é o que você fez. Não é a sua insuficiência. Não corresponde ao que as pessoas o rotularam a ser, e Deus continuará a confrontá-lo para fazê-lo compreender quem você é.

Você não é uma uva. Nem a casca com polpa esmagada no interior, o resto que sobrou depois de terem sido pisoteadas. Você é algo bem melhor. Você é vinho. Quando Deus olha para você, ele o enxerga perfeito. Quando os olhos dele repousam sobre você, Deus não enxerga quem e o que você já foi; em vez disso, enxerga a versão de você plenamente justificada e desenvolvida em Cristo. A Bíblia diz que somos a justiça de Deus em Cristo (v. 2Coríntios 5.21) e que neste mundo somos como ele (v. 1João 4.17). A Palavra de Deus fala a verdade acerca de quem você é — então creia nela!

Sei que pode ser um desafio aceitar a verdade acerca de quem você é. Se a Bíblia revela às pessoas a verdade sobre quem elas são há milhares de anos, seria justo pensar que a esta altura todo o mundo já tivesse captado a mensagem. Uma conclusão lógica, mas você ficaria perplexo ao descobrir como é difícil conseguir que as pessoas caminhem de acordo com o que creem. Pense bem. Os desdobramentos de andarmos conforme a fé que professamos são imensos.

Você entende que Jesus já fez tudo por você?

Aceite essa verdade porque Deus está mais que satisfeito com o vinho que ele tem produzido em você. Ele exulta diante de quem você se tornou, mantendo um tonel para si como troféu orgulhosamente exibido em sua adega particular. Mas o Senhor tem um plano para o restante de sua safra engarrafada que implica você ser oferecido ao mundo como um sinal do que ele deseja fazer com outras uvas.

O Vinicultor quer que outras pessoas saboreiem a obra-prima por ele produzida em sua nova criação. Você conta com o poder dele no seu interior. Tem total acesso a todas as riquezas em Cristo. Ele quer que você ofereça esperança para aqueles que estão sendo esmagados e lutam para compreender. Quer agir por seu intermédio para confortar o desolado, curar o enfermo, fortalecer o abatido e revelar a luz do amor divino em um mundo sombrio.

Você é o troféu de Deus, e ele deseja ostentá-lo para todo o mundo.

Lembre-se, Deus projetou, capacitou e chamou cada um de nós para realizarmos coisas grandiosas. Deu-nos uma visão, prometendo concretizá-la. Por que então nos sentimos tão inclinados a perder de vista o fato de que foi o Mestre quem nos deu a ideia, não o contrário? Mais que qualquer outra, a única mensagem que tenho para transmitir às pessoas

DA PRESSÃO AO PROPÓSITO

com quem atuo como mentor e conselheiro, vezes e mais vezes, é que o tempo de Deus é infalível. Seu relógio é perfeito.

A todo instante tenho necessidade de agradecer a Deus por manter com tanto afinco sua agenda para a minha vida e não ceder à minha vontade. Sou capaz de olhar para trás e ver onde Deus poderia ter me respondido com o que eu achava querer e permitido que isso me destruísse. Com extrema gratidão, eu o cumprimento por deixar longe de mim o que considerei a melhor coisa para a minha vida na época.

Caso você se pareça minimamente comigo, deve ter consciência da insensatez de suplicar por algo a Deus e, quando ele o atende, resmungar e reclamar por causa do que lhe foi concedido. Temos o costume muito louco de querer e querer determinada coisa até a conseguirmos. Ao passo que, se aguardássemos a concretização da plenitude do tempo de Deus, veríamos que o momento por ele ordenado carrega em si uma quantidade inesperada de graça e provisão.

Precisamos nos lembrar de que o nosso Deus enxerga o fim desde o princípio. Não há problema algum para o qual ele já não tenha uma solução.

Tudo o que Deus faz é estratégico. Nunca testemunhamos um erro cometido por ele, ou um atraso em seus compromissos divinos conosco. Embora eu possa ser surpreendido com as situações que me sobrevêm na vida, jamais houve ocasião em que corri para Deus dizendo: "Senhor, dessa vez nem vi o que me atropelou", e ao que ele tivesse respondido: "Nem eu!".

Ao longo deste livro, discutimos como o Senhor nos desenvolve e nos transforma. Nestas páginas, você leu repetidas vezes a palavra "processo". Em si mesmo, o termo denota a passagem do tempo. Na maior parte das vezes, a transformação não é um evento, menos ainda algo que acontece só uma vez. À medida que cresço no meu relacionamento com o Senhor, valorizo o fato de ele gastar tempo comigo. Ele não faz nenhum de nós correr porque algo valioso é também algo pelo que vale a pena esperar. Afinal, não se produz excelência com afobação.

Há, porém, ocasiões em que parece não haver tempo para processo — momentos em que algo precisa ser realizado *agora*. Não existe espera aqui. Não existem etapas. Determinada circunstância na sua vida o faz necessitar de uma palavra, solução ou milagre. Quando você está morrendo na mesa de cirurgia, não precisa de alguém que o faça percorrer todo o processo da operação. O cirurgião deveria ter começado a trabalhar um dia antes!

Vemos um caso desses na mulher que sofria de uma hemorragia que ameaçava matá-la. Deduzimos que seu desespero pela cura a tenha levado a abrir caminho entre a densa multidão e tocar a borda do manto de Jesus. E o que dizer da mulher que andava curvada havia dezoito anos (v. Lucas 13.11,12)? Seria melhor que o Senhor lhe dissesse o que faria para curá-la ou que afirmasse: "Mulher, você está livre"?

O que estou tentando levá-lo a enxergar agora é que, embora o Senhor nos desenvolva por meio de um processo transformador, tem plena consciência das ocasiões em que um período de mudança exigirá tempo demais. Há períodos na vida em que ele produz em nós de um instante para outro o que é necessário para aquele momento. São os casos em que ele deixa de trabalhar em nós por meio de um processo para tornar-nos imediatamente incríveis.

O melhor de Deus

Durante o processo divino de esmagamento, fermentação e transformação em vinho, costumamos perder de vista o que o nosso Mestre está fazendo e nos sentimos mortificados pela impaciência. "Quando, Senhor?", queremos saber. "Quando saberei o que o Senhor pretende? Quando a minha dor cessará? Quando acontecerá uma guinada na minha vida? Quando a minha perda se reduzirá? Quando experimentarei sua alegria e paz? *Quando, Senhor, quando?*"

Talvez você venha repetindo essa pergunta neste exato instante. Sente o trabalho poderoso que o Vinicultor tem executado na sua vida e que ele já o envasou para distribuição ou está pronto para servi-lo a fim de que todo o mundo saboreie. Contudo, parece haver uma demora, e você questiona Deus acerca de quando ele fará o que disse. Vê outras pessoas vivenciando a promessa recebida enquanto se pergunta quando o seu dia chegará.

Contudo, lembre-se: Deus sempre reserva o melhor para o final.

Você percebe que, mesmo alguém levando quinze ou vinte anos para realizar determinada coisa, Deus pode produzi-la na sua vida em menos de um dia? Assim, em se tratando da dúvida "quando" que arde no seu coração, lembre-se de que o mesmo Viticultor responsável pela maturação e cultivo em seus estágios de videira e de uva é o mesmo Vinicultor que esmagou, fermentou e envasou você no estágio de vinho.

Deus tem plena consciência das suas épocas e estações. Você não precisa se preocupar com isso, a não ser para manter os olhos no Mestre, aquele que já convocou os servos que apresentarão o que você tem para o supervisor da festa. E a festa segue a todo vapor. Os convidados estão presentes. O vinho do homem, temporário e menos desejável, está acabando, como no casamento em que Jesus operou o primeiro milagre (v. João 2.1-12). Está quase na sua hora. Seja paciente. A sua água está prestes a ser recolhida para que a provem e sirvam.

O esmagamento nunca é o fim.

O *melhor ainda está por vir! Você ainda florescerá outra vez.*

Agradeça a Deus pelas etapas que você tem atravessado ao longo da vida. Pense em onde você está agora e para o que Deus poderia estar preparando você, ou do que ele o está protegendo. Permaneça firme no propósito de se agarrar a Deus durante as estações, sabendo que esse não é o seu fim e que você florescerá no seu propósito e no momento pretendido por Deus.

SOBRE O AUTOR

T. D. Jakes ocupa o primeiro lugar entre os autores *best-sellers* do *New York Times*. Tendo escrito mais de 40 livros, é também o CEO da TDJ Enterprises. Seu ministério televisivo, *The Potter's Touch* [O toque do oleiro], é visto por 3,3 milhões de telespectadores semanalmente. Jakes produziu músicas agraciadas com o Prêmio Grammy e filmes de sucesso como *O céu é de verdade*, *Milagres do paraíso* e *Pulando a vassoura*. Mestre da comunicação, é anfitrião das conferências MegaFest, Woman Thou Art Loosed [Mulher que está perdida] e outras frequentadas por dezenas de milhares de pessoas. Mora em Dallas, Texas.

Esta obra foi composta em *Adobe Garamond Pro*
e impressa por Gráfica Piffer Print sobre papel
Polen Bold 90 g/m² para Editora Vida.